Tant qu'il y aura des chats
... dans une famille

Frédérique Hébrard
Louis Velle

Tant qu'il y aura des chats … dans une famille

Roman

Plon
www.plon.fr

La liste des ouvrages
des mêmes auteurs
figure en fin d'ouvrage

ISBN : 978-2-259-21135-2

À Louis Nucéra
Parce que tu nous manques trop...

Frédérique, Louis et les chats

Les enfances

Frédérique

Au commencement était le chat...

Je suis toute petite, je vis à Nîmes avec Mémé qui se méfie des chats... Il y en a un, mystérieux, qui habite dans le grenier. Il est tout noir et me regarde d'un œil jaune du haut d'un fenestron. « Ne le touche pas! » a crié Mémé, et le chat a disparu, noir dans le noir.

Il y a les chats du temple de Diane, au bord de la Fontaine de Nemausus. Sales, sauvages, libres, beaux.

« Ne les touche pas! » a crié Mémé.

Elle en a peur.

Pas moi. Je sais que ce sont des êtres sacrés, inaccessibles. Des dieux. Je rêve de poser la main sur leur fourrure de soie...

Me le permettront-ils un jour?

Louis

Argyrol, mon premier souvenir de chat

Argyrol, le chat de mon grand-père, vivait en permanence dans la pharmacie. Il campait sur une chaise prévue pour les clients et n'en bougeait pas. Il était tout noir avec de très longs poils et des yeux dorés. On m'avait recommandé de ne pas l'approcher. D'ailleurs personne n'approchait Argyrol. Son immobilité absolue décourageait les avances. Il était là comme s'il n'était pas là.

À cette époque, j'avais entre trois et quatre ans, je croyais que les animaux vivaient aussi longtemps que nous. Je pensais donc qu'Argyrol devait avoir l'âge de mon grand-père, qu'il faisait partie de la famille comme une vieille tante qu'on aurait calée dans un coin, en attendant patiemment qu'elle s'éteigne.

Ce jour-là, un dimanche, on avait particulièrement soigné ma tenue pour me conduire jusqu'à la pharmacie de mon grand-père où je devais faire la connaissance de mon père. Mes jeunes parents qui s'étaient rencontrés à la faculté de pharmacie étaient déjà divorcés. Je n'avais aucun souvenir d'eux ensemble. Et nulle image de mon père. Mais je ne risquais pas de l'oublier, ma grand-mère me parlait de lui matin et soir. C'était l'être le plus abominable qu'elle eût jamais rencontré, paresseux, joueur, brutal avec ma mère, et ayant cherché à me détruire, etc. Cela ne représentait rien pour moi puisque ce père n'avait pas de visage. Et puis, si petit que je fusse, je me rendais compte que ma grand-mère méridionale était portée sur le légendaire : elle racontait que son père avait été précipité dans les flots un soir de paie à Biarritz, que son grand-père avait fini dévoré par les loups à l'âge de cent sept ans, et qu'un de ses petits frères était mort étouffé par le chat qui s'était mis au chaud dans le berceau. D'où méfiance vis-à-vis d'Argyrol.

Tout le long du chemin, on me fit des recommandations. La pharmacie de mon grand-père était située sur le même trottoir, mais à un kilomètre de distance et dans la commune voisine. Elle était imposante, deux fois plus grande que celle de ma mère, on y accédait par une volée de marches. On me lâcha au pied des marches, je montai tout seul « comme un grand » et, haussé sur la pointe des pieds, je pressai le bec-de-cane. Bruit de la sonnette, apparition de mon grand-père, les bras tendus, en blouse blanche, car il était de garde et attendait mon père. Argyrol, sur sa chaise, n'avait pas même tourné la tête. Après les embrassades, je traversai la salle à manger où il y avait un portrait de ma grand-mère fraîchement disparue, et allai m'asseoir sur la troisième marche de l'escalier où je me trouvais heureux. Mon grand-père avait sorti son accordéon et commença à jouer un air qu'il aimait. C'était un autre homme. On suivait sur son visage les inflexions de la musique. Il levait ses sourcils, rejetait la tête en arrière, ou, au contraire, posait presque sa joue contre les soufflets. Il me regardait en souriant. Ce n'était pas moi qu'il voyait, mais un paysage de là-bas, dans les neiges de l'Oural au milieu desquelles il était né.

Le timbre de la porte se fit entendre. Il dit : « Ha ! », posa son instrument, disparut dans la pharmacie puis il revint et amena devant moi un soldat.

Ce fut un saisissement qui me pétrifia.

Mon papa était pharmacien, pas soldat.

Qui était ce monsieur qui me souriait, son képi vert à la main ? Il était bien coiffé, bien rasé, la raie droite, les cheveux plaqués. Son baudrier, son ceinturon, ses bottes brillaient.

Il descendit à ma hauteur. Un parfum d'eau de Cologne l'accompagnait. Il avança son visage.

– Alors, bonhomme ?...

Je restais pétrifié par cette apparition surprenante. Je ne savais que dire, que faire. Je tournai les yeux vers mon grand-père.

– C'est ton papa, me dit-il.

Et comme je ne bougeais pas, il insista :

– Ton papa !... Dis-lui bonjour.

Alors je dis au soldat :

– Bonjour, Papa.

Mais je dis si mal ces mots que je n'avais jamais dits à personne, que j'avais le sentiment d'avoir commis une grave incorrection. J'aurais voulu ne plus être là.

– Eh bien, embrasse ton papa.

On s'embrassa. Mais quelque chose d'espéré ne se produisit pas.

On attendait plus de moi, mais quoi? J'étais perdu.

– Tu es content de me voir?

Je fis oui de la tête. Et comme rien ne suivait, mon grand-père dit :

– C'est l'émotion. Viens, ça va passer.

Et il entraîna mon père dans la pièce voisine pour lui annoncer qu'il allait se remarier.

Il aurait fallu m'expliquer, mais c'était trop tard, me dire pourquoi mon père était en officier, qu'il finissait son service militaire, mais c'était trop tard. Quelque chose était passé.

Je demeurais sur les marches, accablé, désolé, honteux, en proie à un de ces chagrins sans larmes et presque sans cause, mais qui vous ôte l'envie d'exister.

Un bruit léger me ramena à la réalité. Argyrol se tenait sur le seuil de la cuisine et me regardait. Jamais il n'avait fait attention à moi, n'était jamais venu vers moi, et là, il s'avançait plus près, toujours plus près, jusqu'à venir se frotter contre mes jambes nues et ma culotte courte. Je n'osais pas bouger, pas le toucher, pas allonger le bras. Son poil était d'une douceur exquise. C'est lui qui me caressait, qui sentait sans doute que j'avais besoin de réconfort. Je tendis la main vers lui, il prêta son cou à mes caresses de plus en plus profondes dans son pelage long et noir où ma main disparaissait. Puis il commença à ronronner très bas, très doucement, pour prolonger la béatitude de ce bonheur inattendu qui dissolvait mon chagrin. J'étais guéri.

Je ne rencontrai que bien plus tard les mots qui pouvaient rendre compte de ce bonheur. C'étaient : tendresse, compassion et volupté.

Je connaissais encore moins à cette époque ce qu'on appelle la communion des saints, c'est-à-dire la mise en commun des mérites des vivants et des morts pour le réconfort de tous. Aujourd'hui je pense que les chats – et ils ne sont pas les seuls – participent à cette communion de la souffrance universelle, même s'il s'agit de la toute petite désolation d'un enfant. Attentif à un chagrin aussi mince, le chat a choisi de quitter un instant son confort et ses habitudes pour apporter un réconfort à l'enfant démuni.

Frédérique

Minet

– Mais pourquoi j'ai pas de chat, moi ?

Je vais avoir cinq ans. Je vis maintenant à Paris avec mes parents.

Maman a eu des chats quand elle était petite, elle, Miffafe et Coukèque. Je le sais, j'ai vu la photo.

– Mais pourquoi j'ai pas de chat, moi ?

Alors, un jour, passant sans vertige de balcon en balcon, malgré notre 7e étage sur la rue Thouin, Minet est venu.

Il m'a tout de suite aimée. Moi aussi !

Le rêve que je n'ai pu accomplir avec le clandestin du grenier de Mémé, avec les hors-la-loi du temple de Diane, je le vis enfin avec Minet. Je pose la main sur son humble fourrure de gouttière.

Un manteau de soie.

Minet ronronne.

Musique exquise que j'entends pour la première fois.

C'est le plus beau jour de ma vie.

Mais ce jour n'eut pas de lendemain.

Minet est parti le soir même de notre rencontre. On ne l'a jamais revu. Il ne me reste qu'une photo de nos amours.

J'ai tant pleuré qu'on m'a promis deux choses pour me consoler : d'abord nous allions habiter chez le Roy, nous quittions Paris pour Versailles où Papa venait d'être nommé conservateur du Château...

Je pleurais de plus belle.

Ensuite nous allions avoir un chat.

Fin des larmes.

Louis

Argyrol à nouveau

Je demandai à ma mère s'il ne serait pas possible d'avoir un chat.

– Ta grand-mère n'en veut pas.

– Pourquoi ?

Alors elle me rappela l'histoire du petit frère de ma grand-mère étouffé par un chat qui s'était glissé dans le berceau du bébé.

– Pense à ton petit frère.

– Mais quand il sera grand, peut-être ?

– Peut-être. On verra.

Le soir, sous mes couvertures, au moment où l'on revoit sa journée, j'évoquais Argyrol. Je trouvais ce nom imposant. D'où mon grand-père l'avait-il sorti ?

Quand nous étions seuls et qu'il avait cessé de jouer de l'accordéon, il me racontait des histoires tirées de la mythologie, que j'adorais, ou des *Mille et Une Nuits*. C'étaient soit Ulysse, le Minotaure, Thésée, soit Ali Baba, Aladin, Shéhérazade. Je voyais mieux Argyrol dans la mythologie Il faudra que je demande à mon grand-père. Quinze jours seront vite passés avant que je retrouve mon papa que j'avais à peine vu, et Argyrol le Magnifique. Mon papa ne vint pas.

– Mais nous aurons les Tantes qui viendront prendre le thé avec les gâteaux que tu aimes (les Linzertorte), et aussi les sœurs Schmoll qui viennent de Taverny pour jouer du piano à quatre mains au premier étage.

Puis je demandai si Argyrol était avec les Grecs ou avec les Troyens. Il me révéla que ce nom venait de l'empire pharmaceutique, que c'était ma défunte grand-mère qui l'avait choisi : Argyrol était son chat.

– Où est-il ?

– Je l'ai enfermé à la cuisine.

Car une des sœurs Schmoll, Élise, était allergique aux chats. Le temps que je lui demande ce que voulait dire allergique, les Tantes débarquaient avec les gâteaux.

– André n'est pas là ? demanda Dadine.

– Il est de garde à Mitry.

- Mon pauvre Loulou, dit tante Marie en m'embrassant.

Là-dessus les sœurs Schmoll arrivent et l'on monte tous au premier étage. On ouvre le piano, on fait silence et les quatre mains se mettent au travail.

On écoute. On prend des poses. Moi, je pense à Argyrol qui doit se morfondre à la cuisine. Il ne se doute pas qu'il va me revoir, que je vais le caresser, que j'attends ce moment depuis quinze jours.

Une heure plus tard, ce sera l'heure du thé. Tante Marie descend à la cuisine avec une des sœurs Schmoll, celle qui n'est pas Élise. On essaie de me retenir, mais je les suis.

– Ferme bien la porte, me dit la sœur Schmoll. Si le chat monte, ma sœur va avoir une crise.

J'imaginais qu'Argyrol allait me sauter au cou. C'est tout juste s'il a l'air de me connaître. Aujourd'hui, c'est moi qui vais vers lui et qui lui dis, dans ma tête, que j'ai pensé à lui tous les jours. Je m'approche avec précaution en me délectant de prononcer chaque syllabe de son nom : AR-GY-ROL, puis j'ajoute :

– C'est moi.

– Fais attention, me dit ma tante, il y a peu de temps il a griffé Mademoiselle Wiemert. Un jour, il faudra s'en séparer. Charles le garde en souvenir d'Aline.

– Moi, il ne me griffera pas.

– Qu'est-ce que tu en sais ?

– Je le sais.

J'avance ma main et il arrondit son dos pour recevoir ma caresse. Le contact est renoué sans qu'il ait eu besoin de tourner la tête. Il sait qui je suis, il se souvient. Le regard viendra plus tard. Mais il me donne tout son corps, qui ondule sous ma main, puis, tout à coup, il tombe sur le côté et m'offre davantage de surface. Enfin il me regarde et me sourit. Je lui murmure les mots les plus doux, j'entre dans la félicité.

– Je ne l'ai jamais vu comme ça, dit tante Marie.

Bientôt le thé est prêt. Il faut se quitter. Il ne fait pas un mouvement pour me suivre. On remonte à l'étage. C'est moi qui porte les gâteaux.

– Loulou a fait une conquête, dit tante Marie.

Elle raconte.

– Avec ces bêtes-là, il faut toujours se méfier, dit Élise Schmoll. Elles peuvent devenir dangereuses.

Et je dis :

– Je sais. Ils peuvent étouffer les bébés.

Silence.

– Pourquoi dis-tu ça ? demande Dadine.

Je me referme.

– Loulou veut se rendre intéressant, dit Élise Schmoll.

– Loulou s'appelle Louis, Mademoiselle, rectifie mon grand-père...

Frédérique

Célébration de l'Invisible

Mes parents avaient tenu parole.

Minette faisait maintenant partie de la famille.

Minette ! Une petite chatte délicieuse.

Avant de quitter Paris, Maman la maria avec Rouslane, un prince russe absolument bleu.

Nous débarquâmes comme prévu chez le Roy. Hélas, Minette mourut en couches comme une dame du Grand Siècle !

Nous l'enterrâmes, Maman et moi, dans le bout de jardin que possèdent tous les habitants du château dans un coin du parc.

J'ai encore tant pleuré que, trois jours plus tard, une autre chatte débarquait dans nos appartements de l'aile Sud des Ministres, anciennement ceux de Monsieur de Colbert.

Malheureusement la chatte était une siamoise qui s'éprit de ma mère au premier regard et ne m'en accorda jamais aucun.

Tous les soirs, à 19 h 25, obéissant à une horloge muette et invisible, elle s'installait dans le vestibule et attendait le retour de Maman.

Maman allait tous les jours à Paris car, si Papa était conservateur du musée de Versailles, elle était, elle, la bibliothécaire et l'archiviste du musée du Louvre. Ces rapports étroits de mes parents chartistes avec les musées me valurent, quelques années plus tard, le privilège de passer une nuit avec la *Joconde.* Mais en ce temps-là, dans le vestibule de Monsieur de Colbert, je ne sais pas encore qui est la Joconde, je n'ai qu'un but : séduire ce petit chef-d'œuvre vivant qui ne veut pas de mon amitié. Jamais la siamoise ne me griffa ou n'essaya de me mordre. C'était pire : je n'existais pas.

Quand, rentrant des vacances de Pâques dans les Cévennes avec Mémé, je ne la trouvai plus, je ne sus si je pleurais sa mort ou son indifférence.

Alors, pour conjurer la malédiction, on me donna un chien. Malou. Une cocker-spaniel aux oreilles de soie rose, « *Red petal of lightwater* », disait son interminable pedigree.

Un amour, Malou. Elle fit la guerre avec nous. Anglaise de naissance, elle supporta héroïquement les restrictions, se contentant de peu avec grandeur, comme une reine en exil.

Je ne sais quel aurait été son comportement avec un chat? Dans les châteaux refuges où mes parents veillèrent sur les trésors du Louvre, il n'y avait pas de chat.

– Pas de chat? s'indigna mon père en m'entendant. Suis-moi!

Il m'entraîne le long des sombres couloirs du château de la Treyne jusqu'à la grande salle sanctuaire où, derrière de lourdes portes aux serrures effrayantes, sous la vigilance perpétuelle de gardiens et d'appareils hygrométriques, sont entreposées des caisses de bois blanc hermétiquement fermées, frappées des lettres M.N., Musées Nationaux.

– Pas de chat ? répète Papa. Regarde !

Il me désigne une caisse.

– C'est la chatte Bastet, la déesse bien-aimée des Égyptiens au temps des Pharaons.

Une caisse en bois blanc. Une déesse est dedans mais on ne peut pas, on ne doit pas la voir.

Je fus d'abord déçue. Puis émerveillée. Je venais de découvrir la célébration de l'Invisible.

Souvent je vins frapper timidement à la lourde porte. Les gardiens souriaient et me laissaient entrer dans le sanctuaire silencieux où ronronnaient les machines nécessaires à la vie de trésors nés il y a des milliers d'années sur les bords du Nil.

Un jour, Jean Lurçat vint trouver mon père pour lui confier une tapisserie en danger.

LIBERTÉ était son nom.

On l'abrita dans une caisse en bois blanc frappée des lettres M.N.

Un jour, elle aussi retrouverait la lumière.

Sa caisse était posée entre celle de la chatte Bastet et celle du Scribe accroupi, à la proue de l'escadre égyptienne endormie.

Je m'asseyais près de l'homme de garde et je restais là, immobile comme dans une église où l'on vient se recueillir en silence.

J'avais confiance.

Le message que m'avaient délivré les chats-dieux du temple de Diane, la leçon de l'inaccessible siamoise, et maintenant la découverte de l'Invisible et de l'Espérance élevaient la visite de Minet le gouttière au rang d'une annonciation.

J'attendrais.

Louis

Des souris et des femmes

Les années qui suivirent furent un désert de chats. Aucun à la maison. Puis huit années d'internat, sans chats évidemment. Mais, en compensation, un épisode de souris assez étonnant.

C'était la dernière année en Belgique, c'est-à-dire juste avant la guerre. Pour la fête de la Chorale, ou celle de l'Académie, je ne sais plus, le choix se porta sur une pièce musicale, *Hans le joueur de flûte*. Était-ce vraiment le titre, je n'en suis plus sûr. Il s'agissait d'un musicien qui débarrassait une ville des souris qui l'infestaient. Il jouait donc de la flûte, alors les petites bêtes lui couraient dessus, le suivaient, et ainsi il allait les noyer. C'est au moins l'état de mes souvenirs. Le metteur en scène, qui venait de Lille pour la circonstance, suggéra d'introduire dans le collège un ou deux couples de souris pour habituer les acteurs à leur présence. Ces petits figurants se multiplièrent rapidement. Certains de mes camarades en hébergèrent secrètement dans leur pupitre. Avant la représentation, ils avaient déjà atteint pour la reproduction une cadence industrielle, si bien qu'un mois plus tard, il fallut licencier le collège – 1 000 élèves – pendant une semaine. Congé qui fut accepté avec reconnaissance. Huit jours plus tard, tout avait disparu comme par enchantement. Sans doute avait-on eu recours à *Hans le joueur de flûte*. Des chats auraient créé trop de dégâts.

L'année suivante, notre univers mental était entièrement occupé par les études, les malheurs de la Patrie, l'irruption de la puberté, plus, bien sûr, notre vieux compagnon de jour et de nuit, le Péché. C'est dans cet état que nous arrivons en classe de philo. Là, les récréations n'étaient plus contraignantes ; je veux dire que nous n'étions plus obligés de monter sur des échasses ou de jouer au basket. Nous pouvions nous adonner à la conversation, à condition toutefois de ne pas demeurer immobiles. Alors nous déambulions face à face, trente pas en avant, les autres trente pas en arrière, et ainsi de suite. Est-ce que nous parlions des chats? Pas le moins du monde. Nous parlions de nous avant tout, des hommes, quoi! C'est-à-dire : intelligence, supériorité, puissance; puis des qualités des hommes, on descendait au mérite des chiens, puis des chiens aux chats, c'est inévitable, et finalement des chats à la femme. Exception faite pour les mamans (ou pour les sœurs, à la rigueur), on relevait entre les chats et les femmes des parallèles de comportement, des similitudes de défauts, des lacunes identiques : ils pouvaient être gracieux certes, mais imprévisibles, futiles, instables, infidèles, quoi ! Tout était dit.

J'écoutais ces discours sans beaucoup y prendre part. Les camarades étaient tous plus âgés que moi (j'étais « en avance »). Leurs voix dominaient la mienne. Ils affirmaient, ils tranchaient, avec une autorité que j'étais loin de posséder.

Je les entendais déchirer les chats. Je songeais à parler d'Argyrol dont je n'avais jamais parlé à personne. Mais mon témoignage eût été emporté comme fétu. Et puis, la conversation se prête mal à traduire les impressions délicates. En quels termes évoquer ce chat sensible au désarroi d'un enfant perdu ? Et puis, il aurait fallu les instruire de ma situation de famille, et c'était hors de question.

Quant aux femmes, j'ignorais, pour en parler avec tant d'autorité, de quelles expériences ils disposaient. Les miennes étaient sexuellement inexistantes et sentimentalement confuses. Je ne pouvais les taxer, les femmes, d'infidélité, puisque je n'avais pas d'amies, que je ne cherchais pas à en avoir, que je n'avais jamais été porté sur la « conquête », me contentant depuis l'enfance d'administrer le hasard, les rencontres ou les circonstances. Habitude contractée très tôt, ayant dû apprendre à subsister au cœur des intempéries familiales.

Loin d'être futiles, les femmes me paraissaient laborieuses. J'avais sous les yeux l'exemple de ma mère et aussi celui de Camille, la troisième femme de mon père, dans la terrible traversée des années d'Occupation dont nous n'étions pas encore sortis : courageuses, ingénieuses, infatigables, prenant des risques insensés pour trouver de quoi nourrir les enfants. Parlant de risques, je pensais à cette jeune fille de notre commune qui allait dérober à la mairie des tickets d'alimentation pour permettre de subsister à des gens que ses parents cachaient.

L'avenir, pour moi – et je tâchais de le vivre chaque soir sous les couvertures du dortoir –, c'était de traverser la vie en faisant équipe avec la jeune fille qui nous donnerait des enfants, à elle et à moi, dont je ne savais pas encore très bien comment ils nous viendraient. (Ma petite-fille, à 5 ans, sur la procréation, en sait aujourd'hui beaucoup plus que moi je n'en savais à 15 ans : il n'y avait pas de télévision, à l'époque !) Le but de ma vie serait de réussir une famille. On peut voir là un besoin de compensation à l'échec du ménage de mes parents. Mais cet objectif était bien plus important pour moi que mon propre destin. J'ai eu beaucoup de chance.

Les propos de mes camarades illustraient l'évidente supériorité de l'homme. Jamais je n'ai pu me sentir supérieur à une femme. C'est toujours en termes d'égalité que je les ai abordées. Ah, si ! je dois reconnaître qu'elles avaient quand même une supériorité sur les hommes : elles duraient plus longtemps. J'ai connu beaucoup de veuves dans mon enfance, et pas un seul veuf !... Oh, pardon, j'oubliais ! Mon grand-père s'est trouvé veuf quelque temps, mais ça n'a pas duré. Comme quoi, à toute loi il y a toujours une exception.

Je crois aujourd'hui que, derrière les propos qu'échangeaient mes camarades, il y avait la crainte préventive d'une déception. Cela venait, au fond, de cette obstination à vouloir que les femmes soient des saintes, alors que ce sont des héroïnes !

Mais la récréation touche à sa fin. Il est temps de procéder à la cérémonie rituelle qui précède la reprise des cours. Alors les philosophes, moi y compris, s'orientent lentement, avec une certaine majesté, vers l'ardoise de l'urinoir où ils vont opérer côte à côte, les yeux au ciel. Certains, même, arrivent à officier une main sur la hanche. Des hommes, non ?

Frédérique

Monstre de chat !

La guerre était finie.

L'enfance aussi.

La LIBERTÉ s'était enfin évadée de sa caisse de bois blanc.

Comme elle était brillante !

La chatte Bastet, le Scribe et leur cortège immobile avaient retrouvé leur place au Louvre et se laissaient adorer dans la lumière.

... Et moi je n'avais toujours pas de chat.

J'y pensais en ce dernier été adolescent que je passais dans les Cévennes.

Ma montagne bien-aimée n'était pas le paradis des chats.

Pas encore.

Ils n'étaient pas les bienvenus dans les maisons. Ils le savaient. Maigres, affamés, perpétuellement en alerte, ils avaient toujours l'air de préparer quelque mauvais coup. Bien obligés, les pauvres. Pour un chasseur de souris un bout de lard volé prend des allures de festin.

– Monstre de chat ! criaient les femmes, le balai à la main.

Mais parfois, une très vieille grand-mère s'endormait auprès du feu dans le *cantoun* de la cheminée. Alors le chat venait se blottir sur les genoux de l'aïeule. Du fond de son sommeil elle percevait la chaleur du petit corps vivant et posait la main sur lui, paisiblement.

Alors on n'osait pas chasser le monstre de chat.

Il semblait partager un secret avec l'ancêtre. On se détournait. On regardait ailleurs comme s'il s'était agi d'une scène de sorcellerie.

Monstre de chat ?

De pauvres bêtes qui vivaient dans la peur.

J'allais m'asseoir au soleil sur l'herbe rase, là où j'avais remarqué qu'ils aimaient se coucher. Je ne me précipitais pas vers eux car je savais qu'ils s'enfuiraient. Et je restais là, si longtemps immobile, qu'ils finissaient par tourner les yeux vers moi. Certains s'approchaient. Je ne bougeais pas. Un pelé, borgne et boiteux osa venir à me toucher. Je posai la main avec délices sur son pelage répugnant.

Il miaula doucement et les autres dressèrent l'oreille, me regardèrent. Monstres de chats ? Petits chéris. Je leur promis solennellement de revenir avec des victuailles.

Ils avaient faim. Mais ils n'avaient pas seulement besoin de manger... ils avaient besoin d'autre chose... de quoi exactement ?

Alors le pelé, borgne et boiteux me sourit et je sus qu'ils me le diraient un jour.

Ils le dirent.
Mais pas à moi.
À nous.
Louis et moi.

Tant qu'il y aura des chats…

Louis

La rencontre

C'était une nuit d'une suavité exquise, comme le mois de mai en gratifie Paris quelquefois. L'atmosphère gardait encore un reste de la tiédeur du jour. Le couple heureux venait d'engager sa voiture, sa première voiture neuve, dans l'étroit passage qui menait au garage, et là avait donné les clefs au veilleur de nuit. Celui-ci glissait le véhicule dans le monte-charge qui le descendait dans des profondeurs inconnues. Le couple regagnait son premier appartement, heureux des gâteries que la vie leur avait prodiguées depuis le début de saison, après des années difficiles. Elle jouait la première pièce de son mari, saluée par la critique, et lui, de son côté, endossait chaque soir son uniforme de colonel dans *L'Amour des 4 colonels*, une pièce qui, depuis deux années, était la coqueluche de Paris. Elle avait également publié son premier roman qui venait de recevoir un prix. Beaucoup de premières choses heureuses cette année-là.

Ils revenaient d'une soirée où on les avait fêtés. Elle prenait, en traversant la rue, précaution de sa robe du soir, et lui de ses souliers vernis, au milieu des trognons, des fanes, des pelures qu'avaient laissés les Halles toutes proches, pas encore parties pour Rungis.

Au milieu de leur félicité, alors qu'elle et lui abordaient le trottoir en face des Forges de Vulcain, il leur sembla entendre un appel étouffé qui les cloua sur place. Quelques secondes de silence et à nouveau le même faible appel.

– Peut-être un chat, dit-elle.

Mais nul chat alentour. Ils étaient à côté d'une poubelle, d'une de ces hautes poubelles métalliques crasseuses, détestées, car, chaque matin, elles amputaient les dernières heures de sommeil des Parisiens, lorsque les éboueurs les cognaient contre les parois de leur camion.

Je m'approchai avec répugnance du couvercle, car, c'était sûr, l'appel venait de cette horreur. Je le soulevai à bout de bras. Un gros tas de cendres couronnait le magma fétide et puant qui y était entassé. Et quelque chose remuait dans la cendre. On vit apparaître la tête d'un tout petit chat qui miaulait avec effarement.

– On ne peut pas le laisser, dit Frédérique.

Je retroussai la manche de mon smoking et dégageai cette petite pelote de vie qu'on avait ensevelie sous cette masse de poussière pour s'en débarrasser. Je posai par terre ce miaulement minuscule, content d'avoir fait une bonne action en lui donnant une seconde chance.

Le petit miraculé s'ébrouait, miaulait, semblait raconter une histoire. Il fut propre en quelques instants et nous suivit jusqu'au bout de la rue Jean-Lantier d'abord, puis sur un petit morceau de la rue Saint-Denis, et enfin s'engagea avec nous dans l'avenue Victoria. Cela représentait au moins une soixantaine de mètres. Nous nous arrêtâmes devant notre porte d'entrée, n'ayant pas l'intention de le prendre en charge plus longtemps. Et comme nous nous apprêtions à le regarder avant de disparaître, il se mit à faire des cabrioles, à s'attraper la queue, à essayer de se dresser sur les pattes de derrière avec des maladresses qui ajoutaient à sa grâce : bref, des chutes et des sauts, tout un spectacle à notre intention, plein de drôlerie et d'invention, avec un œil sur nous entre tous ses tours.

Il aurait fallu disparaître aussitôt, ne pas prolonger notre présence, se ressaisir. Nous passâmes à l'action ; profitant d'une de ses cabrioles, nous nous glissâmes dans l'entrebâillement de la porte. Il aurait fallu la refermer aussitôt. Par l'interstice, nous dûmes subir l'image de la désolation. Il nous chercha d'abord du regard devant, derrière, et, désolé, commença à miauler avec des accents désespérés qui nous transperçaient. Nous retenions notre souffle dans l'ombre.

– Ce ne serait pas raisonnable, murmura Frédérique.

– Pas du tout, dis-je, signant la capitulation.

On ouvrit la porte, il bondit vers nous, se frotta à nos pieds et commença à ronronner. Je le pris dans mes bras. Il griffa tout de suite le revers de mon smoking.

Le doigt était mis dans l'engrenage dont nous ne sommes jamais sortis.

Frédérique

Bonheur

Bonheur.

Nous l'appelâmes Bonheur car nul autre nom ne lui allait mieux.

Il était la grâce même, le charme, la tendresse, la drôlerie.

Une vraie catastrophe.

La première nuit il mangea mon escarpin du soir gauche, le lendemain matin, parti à la découverte de son nouveau domicile, il décrocha un rideau de mousseline brodée du XVIIIe siècle qui rendit l'âme sous ses griffes neuves, brisa le vase d'opaline blanc et or dont le spectre en vingt morceaux vient encore visiter mes rêves, renversa un flacon de bleu des mers du Sud sur un carré signé Hermès...

C'était épouvantable.

Mais le plus épouvantable c'était qu'on ne pouvait pas le gronder.

Parce qu'on ne pouvait pas lui en vouloir.

Il était si gentil, si propre, si câlin, si drôle,

que c'est tout juste si on ne le consolait pas de ses bêtises.

Notre petit appartement s'épura sous son règne. On mit sous clef les rares bibelots qu'il avait épargnés, on décrocha les rideaux en lambeaux, on supprima ce qui restait des napperons tendrement brodés par nos aïeules, on ne laissa rien traîner, avant de se décider à ressortir quelques guenilles et débris pour que le chat ne s'ennuie pas dans une atmosphère devenue par trop monacale.

Bonjour les dégâts !

Mais le soir, quand nous rentrions du théâtre, quelle fête !

Bonheur !

Aussi vîmes-nous avec angoisse approcher la date où nos théâtres faisaient relâche pendant une partie de la belle saison pour accueillir des spectacles d'été.

Qu'allions-nous faire du chat pendant les vacances ?

À qui confier cette exquise terreur ?

Après le spectacle, nous allions souvent souper près du théâtre Gramont, dans un restaurant hongrois où le patron nous avait pris en amitié.

Il « faisait la salle » et s'arrêtait complaisamment auprès de notre table pour nous régaler d'une spécialité peu connue de Kecskemét, ou d'un beignet relevé des environs de Szegedin. Il aimait la jeunesse, le théâtre et les amoureux, et écoutait goulûment tout ce que nous disions.

Ce soir-là nous évoquions la possibilité de faire garder Bonheur. La concierge ne voulait pas, la femme de ménage s'absentait en même temps que nous... Il y avait bien mes parents... Ils avaient retrouvé Versailles après la guerre. Eh bien, justement, l'idée de lâcher Bonheur dans un palais national était une folie ! Pire : un crime contre la République.

– Au mieux, on s'en tire avec la correctionnelle ! dit Louis.

– Mon Dieu ! s'exclama le patron, en hongrois, bien sûr.

D'émotion il avait chancelé.

Nous l'avons tout de suite rassuré. Non, nous n'irions pas en correctionnelle, non, nous ne risquions pas la prison. Nous avions seulement un problème de chat.

– De chat ? répéta-t-il comme si le ciel s'ouvrait devant lui pour lui dévoiler des merveilles.

Il tendit un bras vers une chaise, la saisit et s'assit à notre table.

– J'aime les chats, dit-il avec des larmes dans la voix.

Nous lui confiâmes que, nous aussi, nous aimions les chats, et particulièrement Bonheur.

– Bonheur !

Il se moucha.

Mais... il y avait un mais ! Bonheur rimait avec terreur. Suivit la liste de ses méfaits... elle était longue et lourde. Peu à peu le silence s'était fait autour de nous. Une table de danseuses aux yeux chargés de khôl, et un couple de Japonais lâché dans Paris *by night*, derniers clients de la nuit, écoutaient les exploits de Bonheur. Terrifiés, les Japonais en oubliaient de manger ce qu'ils prenaient pour une nourriture typiquement française. Le patron pleurait. Il disait des choses en hongrois. Nous, on était bien embêtés. Qu'allions-nous faire de Bonheur ?

– Me le confier ! dit le patron en essuyant ses larmes.

Les danseuses applaudirent, le couple cria Banzaï ! Le patron fit servir du tokay à tout le monde, à nous, aux danseuses, au couple de Japonais définitivement grisé par cette folle nuit dans la capitale.

Louis et moi, nous, on avait du mal à croire que Bonheur avait trouvé une famille d'accueil pour l'été.

C'était vrai. Le Hongrois tint parole et nous pûmes partir en vacances.

De la Riviera, nous envoyâmes une carte postale au chat. Bonheur répondit par retour en nous adressant sa photo. En quelques jours il avait pris du poids et paraissait joyeux dans les bras d'une femme souriante qui devait être la dame du Hongrois.

À peine rentrés, nous allâmes dîner au restaurant de notre ami. En nous voyant il fondit en larmes, moi aussi, m'attendant au pire.

Mais non ! Bonheur allait bien. Très bien. C'était un amour ! Il avait mangé un cachemire, cassé un vase de Baccarat, déchiré un jupon de dentelle, déchiqueté le dessus-de-lit en satin…

Un amour !

– Ma femme voudrait le garder…

Comme nous ne disions rien, il redouble de larmes. Il nous propose de venir voir son installation, il sort des photos récentes de notre petit chat devenu un gros chat.

Silence.

Alors il abat ses dernières cartes et il propose de nous l'acheter.

Et ça, ça nous décide : on le lui donne.

Bien soulagés.

Bien tristes…

Mais Louis commence un tournage.

Et moi…

Moi, je commence un bébé.

Louis

« Coin-Perdu »

Nous étions si petitement logés que, déjà, nous n'avions pas pu prendre Catherine avec nous. Elle vivait avec les parents de Frédérique. Et voilà qu'un petit frère s'annonçait. Qu'allions-nous faire ?

Nous tenions à avoir une famille, cela signifiait une maison. Pour moi, elle ne pouvait prendre racine qu'en dehors de Paris.

C'était un rêve que je caressais. Je n'en parlais pas, mais j'avais besoin d'arbres, d'herbe et de quatre saisons. J'avais toujours connu un jardin et une forêt à portée de main, si je puis dire, avec ses vertus stimulantes et apaisantes. Stimulantes pour l'imagination et apaisantes pour amortir les contrariétés de la vie quotidienne.

La récompense, après notre travail, c'était, le soir, d'aller chez nos amis Claude et Irène qui venaient de s'installer à Poissy avec leurs quatre enfants.

– Moi, je vous trouverai votre maison, disait Irène.

– Mais, Irène, nous n'avons pas l'argent.

– Vous verrez !

Et quelques mois plus tard, nous avons vu.

– C'est dans la montagne, nous dit-elle.

– La montagne ?!

– Oui, c'est ainsi qu'ils appellent la butte au-dessus de Villennes. Ça culmine à 182 mètres ! J'ai fait un saut là-bas, c'est à l'orée d'une forêt de châtaigniers, vous serez comme dans les Cévennes, et si vous regardez vers l'est, par beau temps vous pourrez voir Paris et la tour Eiffel !

C'est ainsi que nous y sommes montés par un jour d'été, dans la brume, sous une de ces pluies battantes qui font reculer la saison de trois mois. La tour Eiffel n'eut pas lieu. Le chemin creux sur lequel l'agent immobilier comptait pour nous appâter était devenu un torrent. Nous entrâmes dans la maison en grelottant ; derrière les vitres on distinguait un jardin à l'abandon gorgé d'eau et de verdure et dominé par des pergolas insolites, dans une architecture qui s'affichait pseudo-normande. Bref, on se croisait et se recroisait d'une pièce et d'un étage à l'autre et – allez savoir pourquoi – quelque chose nous disait que c'est là que nous allions vivre.

La pluie a cessé, le jardin s'est révélé plein de rocailles, de ponts, d'escaliers et de précipices, le soleil s'est montré, la tour Eiffel a réapparu. Paris s'est rapproché.

Et c'est là que nous vivons depuis un demi-siècle.

À peine étions-nous installés que, par la porte du chemin creux toujours ouverte jusqu'à la nuit, un chien est entré, a fait le tour du jardin, s'y plut et s'installa. Pourquoi pas ? Nous ne sommes pas racistes. Il était haut, volumineux, doux comme une mésange. Nous n'avons pas eu le temps de nous y attacher, juste de lui trouver un nom : Ferdilou – contraction de Ferdinand le taureau et de Frère Loup –, que ma mère et Raymond (le père de mes sœurs) vinrent visiter la nouvelle demeure. Raymond qui venait de perdre son chien bien-aimé s'éprit du nôtre qui le lui rendit bien. Il l'emporta.

La place était donc libre pour un chat. Par la porte toujours ouverte, il ne tarda pas. Il était modestement tigré. Il nous fit peur, une nuit que nous rentrions de Paris. Après avoir garé la voiture dans le sous-sol, nous découvrîmes, en haut du petit escalier, une forme qui nous attendait, appuyée à l'embrasure de la porte. La lumière incertaine de la cave modifiait sa taille et sa forme ; c'était le chat qui nous attendait dressé sur ses pattes de derrière. Si je vous disais qu'il avait une patte posée sur sa hanche, vous ne me croiriez pas, et vous auriez raison. Mais si je vous dis qu'il avança de quelques pas vers nous, là vous pouvez me croire. On a même pris des photos. C'était le Chat Botté. Je pris cette apparition un peu effrayante comme un signe bénéfique. S'il faisait de moi le marquis de Carabas, comme il l'avait fait pour son maître, je ne serais pas à plaindre.

La chaîne avec les chats (et pas n'importe lesquels !) était renouée, et nous attendîmes la suite du conte de fées avec confiance.

Frédérique

Le conte de fées

À vrai dire, ce fut plutôt la conquête de l'Ouest.

Je n'avais pas mon permis de conduire et, en ces temps reculés, il n'y avait aucun moyen de transport en commun vers Paris.

Le jardin était une jungle.

La maison avait passé l'âge de la Belle au bois dormant. Largement. Quant au nom qui était gravé sur elle, il avait un effet magique. Il suffisait de le prononcer au téléphone pour que le personnel éventuel que nous cherchions à recruter raccroche immédiatement.

Le nom de la maison ?

« Coin-Perdu ».

Premier problème : comment me rendrais-je à Paris pour enregistrer l'émission que je faisais toutes les semaines pour Radio Luxembourg (qui n'était pas encore RTL) avec Yves Furet et Jacques Jouanneau, « Dans les mailles de l'inspecteur Vitos » ?

Les anges gardiens sont connus pour résoudre les problèmes de transport les plus épineux. Il suffit de le leur demander gentiment. Ils réglèrent le mien dès le premier enregistrement. Jacques Jouanneau venait, lui aussi, de déménager. Vers Mantes... alors, en se rendant au studio, il s'arrêtait sur la Nationale 13, jadis connue sous le nom de « Route de 40 sous », et là, sous un ormeau, il me ramassait comme un bidon de lait ou un paquet de journaux.

Le retour était plus sportif. Je prenais un train qui me mettait à Poissy ou à Villennes. Puis je rentrais par la campagne. Cinq kilomètres à pied. Parfois Louis venait à ma rencontre. Rarement. Il était souvent en tournée ou en tournage. Heureusement car nous avions des dettes. « Coin-Perdu » avait besoin de travaux. Il pleuvait dans le grenier. La chaudière était morte. Les salles de bains fuyaient de partout... et moi je cherchais ma place dans ce désordre comme un chat qui découvre un panier inconnu.

Le Chat Botté avait disparu, sans doute retourné chez Charles Perrault.

Un matin, je me souviens, Louis était parti à l'aube pour les Pays-Bas où l'attendait un film. Il faisait beau, j'étais seule. Un peu mélancolique.

Je fis le tour du jardin et découvris une vaste dalle de béton sur laquelle une liane, verte et griffue, s'était aventurée. Je m'assis près d'elle... il y avait quelque chose de fascinant dans cette pousse verte qui semblait partie à l'assaut du Temps et de l'Espace. Je sortis un crayon de ma poche et fis une marque sur le béton.

Je suis restée des heures sans bouger à observer ce silence, cette immobilité, cette force.

Me suis-je endormie ? Je ne sais. Je flottais en pensant à nous, à cette maison si vieille, à notre combat si jeune. Et à l'avenir.

Le soleil se cachant derrière les grands arbres du parc voisin fit chuter la lumière et je frissonnai.

Alors je vérifiai la marque faite sur la dalle.

La liane l'avait largement franchie.

Cette découverte me rendit violemment heureuse. Autre découverte, autre raison d'être heureuse : je n'étais pas seule à assister à ce miracle : le Chat Botté était revenu et me regardait.

Il ne pleut plus dans le grenier.

La chaudière est ressuscitée.

On peut prendre son bain sans risquer l'intervention des pompiers.

On a trouvé une dame à qui le nom de « Coin-Perdu » ne fait pas peur. Une dame charmante qui veut bien s'occuper de la maison. Elle aime la jeunesse, les artistes, la campagne…

Elle aime aussi beaucoup le beaujolais, mais ça, nous ne le saurons que plus tard.

Comment ne pas avoir confiance en elle ? Une femme qui aime les chats !

Car, ça y est, le Chat Botté s'est définitivement installé à la maison.

On l'appelle Charbon, ça lui va bien au teint. Il est gentil, un peu timide et très affectueux. Il accueille Cathy debout sur les pattes de derrière, et tout de suite ils s'adorent.

Joie d'avoir enfin notre fille avec nous. Comme moi elle a vécu ses premières années avec sa grand-mère maternelle. Comme moi elle peut dire « au commencement était le chat ». Plus encore que moi, même, car, elle, Cathy, a toujours eu un chat dans sa vie.

Mes parents ont quitté Versailles, son palais, son parc, ses grandes eaux. Maman est toujours au Louvre. Papa, lui, est maintenant Conservateur du Petit Palais. Ils y habitent le dernier étage au-dessus du Musée, à hauteur de la cime des immenses marronniers qui bordent les Champs-Élysées. Le chien qui fit la guerre à nos côtés est mort, et ma mère a renoué avec les chats. Pikini, toute noire, toute douce, toute sage, est la première vision de chat qu'aura la petite Cathy. Calme, bien élevée, gracieuse, Pikini fait salon. Elle y reçoit des écrivains et des artistes, accueille régulièrement Louis Guilloux, s'endort aux pieds de la belle Rosamond Lehmann, écoute attentivement André Malraux quand il parle avec passion des capitaineries de chats que créa le Moyen Âge... et n'accorde aucune attention à ce qui se passe derrière les vitres qui donnent sur les balcons.

Pourtant!

Le touriste ébloui qui remonte la plus belle avenue du monde se doute-t-il qu'une faune sauvage hante cette canopée élyséenne ?

De vrais malfrats, borgnes, mutilés, sentant plus fort que des marcassins, s'envolent du faîte des marronniers comme des écureuils planeurs et retombent sur les balcons avec des miaulements d'abordage. Impossible de dormir les nuits d'été quand ces loubards viennent donner de rauques concerts à la lune, impossible de garder les fenêtres ouvertes… ils font peur.

– Comment fait-elle pour les ignorer ? demande mon père en désignant la sereine Pikini.

Une petite voix lui répond :

– Ils sont pas du même monde… les pauvres…

Cathy. Elle a 4 ans. Elle a déjà tout compris.

Le destin.

La force du destin se lit en lettres majuscules en observant les chats. Certains naissent sous les caresses dans un panier capitonné avec amour ; d'autres naissent dans la rue sous des jets de pierres.

Charbon, lui, est bien tombé.

Malheureusement, un matin, nous trouvons un mot dans la cuisine. Un mot calé par une bouteille de beaujolais. Vide.

« Désolée. Je m'ennuie trop de Paris. »

Et le conte de fées prend de l'ampleur.

La dame a disparu, remplacée par une somnambule. Très vite suivie par une nymphomane.

Le pauvre Charbon meurt du typhus. La petite Cathy pleure. J'aborde le sixième mois de ma troisième grossesse. Ma mère reprend ma fille. Le médecin me fait hospitaliser pour que je ne perde pas mon bébé.

Je tremble encore à l'idée que nous aurions pu traverser la vie sans François ! C'est-à-dire sans lui, bien sûr, mais aussi sans Fanny, sans Paul, sans Alice, sans Victor...

Heureusement le Grand Scénariste en avait décidé autrement.

J'ai eu mon bébé.

J'ai eu mon permis.

Claudine, 17 ans et 11 mois, vint remplacer l'alcoolique, la somnambule et la nymphomane.

Claudine ! Une pointure ! Quand elle nous quitta, treize ans plus tard, ce fut pour devenir libraire. Je n'ai jamais vu lire à une telle cadence. Elle lisait comme on respire.

On était heureux à « Coin-Perdu »... mais on manquait de chats... On n'avait pas eu beaucoup de chance avec eux depuis Charbon.... et puis il y eut cette promenade en forêt, cette rencontre... les années Tybert venaient de commencer.

Frédérique

Les années Tybert

Autant vous le dire tout de suite : Tybert fut un grand chat comme on est un grand homme.

Souvent je regarde avec émotion la photo qu'une téléspectatrice prit de lui en direct pendant une émission de « 30 millions d'amis ».

Dans ce regard de chat il y a le sérieux, la tendresse, l'intelligence et la douceur.

Il devait avoir 3 ou 4 mois, peut-être moins, quand nous l'avons trouvé sur le toit d'une remise, dans les bois. Il vécut dix-huit ans et demi avec nous et, en fixant ce doux regard de lion sage, c'est dix-huit ans et demi de notre vie que je revois. Les dix-huit ans et demi au bout desquels nos enfants devaient devenir une femme et deux hommes.

Je me souviens mal des enfances de Tybert.

Aucun souvenir de ces grosses sottises qui sont monnaie courante chez les petits des hommes et des bêtes. Ma mémoire n'a de place que pour les qualités de ce chat. Un chat de banale apparence, tigré, roturier, sans parents avoués, modeste gouttière des bois, chat « européen » comme le disent ses papiers de vaccination. À peine recueilli au creux des mains de Louis, il se mit au travail et, observant les humains, il ne cessa jamais d'apprendre.

En ces temps-là... Mon Dieu! Il me semble que je n'arrête pas de faire des allusions à un passé plus lointain que l'Ancien Régime. Que dis-je? Plus lointain que la Réforme, la découverte des Amériques, l'invention de l'imprimerie... Tout ça pour vous dire *qu'en ces temps-là*, le facteur sonnait encore à la porte et venait, lui-même, déposer le courrier sur la table de la cuisine.

Tybert assistait tous les matins à cette cérémonie domestique. Il remarqua très vite une coutume immuable : le serrement de mains. Cette coutume dut lui plaire car, un jour, monté sur la table, il tendit gravement la patte au facteur. Et pendant des années, tous les matins, ils se donnèrent une poignée de patte et main, échangeant quelques mots aimables sur le temps, la saison ou leur santé. Un jour, le facteur prit sa retraite. Ce jour-là, ils s'embrassèrent et je crus voir une larme dans la moustache du facteur. Le lendemain, je demandai au nouveau préposé :

– Ça ne vous ennuie pas, Monsieur, de serrer la patte du chat?

Seul le silence consterné du jeune homme, visiblement inquiet pour ma santé mentale, me répondit.

Mais quand il vit le regard de Tybert et sa patte, tendue vers lui, il ne put résister.

Personne ne résistait à Tybert.

Nous l'avions baptisé Tybert en hommage au *Roman de Renart*, avec l'arrière-pensée de pousser nos enfants à la lecture quand ils en auraient atteint l'âge.

Heureux calcul ! À peine alphabétisés, les petits savaient tout sur Noble le lion, Ysengrin le loup, Renard le goupil, et, bien sûr, Tybert le chat.

Tybert le chat qui, de jour en jour, maîtrisait la situation.

Il m'aimait passionnément.

Parfois, même, j'étais déconcertée par ses regards. Je pensais à ce conte des *Mille et Une Nuits* où une princesse, seule au milieu de ses femmes, voit arriver dans son jardin une vieille qui porte une cage où est enfermé un hibou. Le regard que l'oiseau porte sur la princesse la trouble au point qu'elle se voile devant lui et déclare à ses femmes interdites :

« Celui qui est dans la cage n'est pas un oiseau mais un jeune seigneur ensorcelé par une magicienne ! »

Et, naturellement, c'est vrai.

Dieu merci, je ne pus vérifier l'existence d'un sortilège avec Tybert ! Pour la paix de la famille il se contenta de rester un chat, de s'asseoir sur mon bureau et de me regarder écrire avec délices.

Petit, il jouait avec mon stylo... mais il comprit vite qu'écrire c'était sérieux et ne se permit plus ce genre d'enfantillage.

C'était le premier chat qui m'aidait dans mon métier d'écrivain.

Ses ronronnements rassurants accompagnaient mon inspiration, sa présence adoucissait les moments de doute, de désespoir, quand la page et la tête étaient vides... Les chats vous délivrent du stress et de l'angoisse.

Il était également très attaché à Claudine.

Parce qu'elle lui donnait à manger, bien sûr, mais surtout parce qu'elle lisait beaucoup. Les chats savent que celui qui écrit comme celui qui lit leur appartiennent. Les chats savent que le lecteur comme le conteur, également pris dans les mailles des mots, sont des captifs qui les rejoignent dans le même rêve.

Un après-midi, j'étais à ma table de travail quand, au bruit d'une chute, accompagné d'un miaulement affreux, je me précipitai dans l'entrée où je retrouvai, sortant de portes différentes comme dans une pièce de Feydeau, Catherine, Louis, Claudine, et surtout Tybert qui venait de tomber du deuxième étage. Le deuxième étage d'où les garçons descendaient, marche à marche, penauds et en larmes. Ils avouèrent tout avant même de nous avoir rejoints. Ils étaient en train de se disputer un camion de pompiers, François s'en était emparé et son frère, furieux, avait donné le grand coup de pied qui avait expédié le chat dans les airs. Le chat qui se remettait sur ses pattes et regardait la famille réunie dans une même colère contre les garçons, surtout contre Nicolas, auteur présumé du coup de pied.

– Mais comment as-tu pu ?... Comment as-tu osé ?... Mais c'est affreux... c'est terrible... c'est vilain... Est-ce que tu te rends compte ?... Tu aurais pu le tuer !... etc.

Nicolas sanglotait, demandait pardon, François pleurait encore plus fort.

Nous, on grondait.

Alors il se passa quelque chose d'extraordinaire. Le chat se fâcha. Contre nous. Les parents.

Il s'était mis devant Nicolas et François, comme pour les protéger. Hérissé, ayant brusquement doublé de volume, il nous crachait au visage des choses certainement effroyables.

Ce jour-là nos garçons étaient devenus ses garçons.

Ils le restèrent jusqu'au bout de sa vie. Il veilla sur eux pendant toute la durée de leurs études.

Il savait ce qu'ils faisaient.

Quand ils furent collégiens, il sut que tous les vendredis soir ils rentraient à la maison. Et le vendredi, il les attendait dans ce même escalier qui avait vu son vol plané. Il les accueillait avec des miaulements de joie, se frottait à eux en ronronnant et ne les quittait pas du week-end.

Deux ans après notre rencontre il fut rejoint par un autre petit chat perdu dans les bois. Yéyé.

Yéyé n'avait pas le même QI que Tybert, mais son poil gris et gris était doux comme celui d'un chinchilla et sa tendresse était immense.

Ils savaient qu'ils étaient les souverains de « Coin-Perdu » et accordaient magnanimement le droit d'asile à tous ceux qui se réfugiaient dans leur domaine.

La preuve? Je verse à leur dossier ce document vieux de près de trente ans qui atteste de leur bonté et de leur grandeur d'âme.

« *Que de fois ai-je ouvert ma porte à des clochards au pelage inculte, aux manières brusques et peureuses! Le dernier vint pour la Saint-Sylvestre, comme dans un conte de Daudet. Nous venions de dire aux enfants qu'au Moyen Âge, la dernière nuit de l'An, la porte des maisons et des châteaux restait ouverte pour les malheureux de passage. Un miaulement rauque fit tourner les têtes vers la porte qui donne sur le jardin. Derrière les vitres, debout, nous regardant au fond du cœur, un chat roux inconnu demandait asile. On ouvrit. Il se précipita à l'intérieur sous les yeux douloureux mais corrects de nos chats Tybert et Yéyé. On fit chauffer du lait, on touilla la pâtée... Il mangeait en ronronnant comme une forge.*

Il était gai.

Il nous regarda arroser la bûche avec le vin nouveau.

À l'an qui vient...

On lui cherchait un nom. On était faits. Tybert et Yéyé le savaient, qui le regardaient sans souffler.

Ce chat aimait la télévision. Il avait une grâce de gestes incroyable. Il s'étirait, se renversait, se couchait sur nos genoux, posant une patte sale mais de velours sur nos joues, poussait un petit cri d'allégresse, s'endormait profondément quelques secondes, se réveillait les oreilles pointées, l'œil vert fixé sur le petit écran, l'échine bougeant comme les herbes de la Luzette les jours de grand vent. Il écouta avec intérêt les vœux d'Arthur Conte. Se rendormit, heureux. Soudain, on fut en 1973. On s'embrassa et il fut content parce qu'on le gratouillait partout en lui souhaitant la bonne année. Alors, il demanda à sortir, à voix basse parce que c'était pour faire pipi. On ouvrit la porte. Il s'en alla et ne revint plus.

Nous avons été un tout petit peu tristes. Pas trop. Il n'était pas maigre, le chat roux. Il avait seulement besoin de ne pas passer ce soir de fête tout seul. Il avait besoin qu'on lui dise : bonne année, chat!

Et que de cadeaux tu nous as laissés, chat sans nom! D'abord ta grâce, ton charme personnel. Et puis, cette confirmation que les gens, chats ou humains, ont besoin de communier, de fraterniser, de se rassembler, de ronronner autour d'un feu, d'une assiette, de se parler doucement, d'être heureux ensemble.

*Tu nous as prouvé la nécessité de la porte ouverte. Tu nous as fait penser à nos semblables, les hommes**. »

---

* *Je vous aime... toujours!*, Plon, 2002.

Louis

« Le Chat »

Oui, tournées, tournages...

Dans les premiers temps que nous habitions « Coin-Perdu », je devais m'absenter fréquemment. Les dettes ! Des chats traversaient souvent la propriété, venus d'on ne sait où. Certains finissaient par être accueillis et faire de notre domicile le leur.

Un matin que je rentrais d'Afrique du Nord après quelques semaines d'absence, je vois un chat que je ne connaissais pas qui s'avançait sur la terrasse et qui, surpris de me voir dans un transatlantique, suspendit sa marche, puis vint vers moi d'un pas mesuré, plongeant ses yeux dans les miens, comme s'il allait me demander ce que je venais faire chez lui. Il avait un poil bien long, plutôt clair, dans lequel on avait envie de glisser ses doigts. Par son volume important et son allure mesurée, il réveillait en moi le souvenir d'Argyrol, bien qu'il fût aussi clair qu'Argyrol était noir.

Claudine s'approcha et me dit :

– Je vois que vous avez fait connaissance.

Elle me raconta qu'il était apparu une dizaine de jours plus tôt, que les deux autres chats, Tybert et Yéyé, l'avaient accepté, on l'avait trouvé beau et il était resté. On lui donnerait un nom plus tard, en attendant on l'appelait Le Chat. On le nourrissait mais il mangeait très peu. Il avait dans son comportement quelque chose de bizarre. Elle ne savait quoi, mais quelque chose. Claudine, enfant de la campagne, avait des animaux une perception bien supérieure à la mienne.

– Il a quelque chose, c'est sûr. Par moments, on a l'impression qu'il craint les caresses. Il se retire brusquement.

Je ne suis pas un grand caresseur. Je ne m'impose pas aux chats et je les caresse plutôt du revers de la main que de la paume, de manière qu'ils ne sentent jamais mes ongles. Mes enfants me disent que je caresse à l'envers.

Claudine avait apporté une gamelle qu'elle dépose devant le chat. Il y plonge son nez sans entrain, plutôt comme s'il nous faisait une faveur. Il choisit un morceau plutôt chétif, commence à le mâcher, fait un effort pour l'avaler, puis en restitue une partie qu'il regarde attentivement, et finalement s'en détourne.

– C'est à peu près tout ce qu'il mange, me dit Claudine, ajoutant qu'il se désaltère modérément. Et pourtant, je lui donne la même chose qu'aux autres.

Il s'éloigna en direction de la maison.

– Il n'a pas l'air malade, mais si ça continue, je ferai venir le vétérinaire.

Là-dessus, les garçons arrivent et, contents de revoir leur père, me proposent une promenade pour l'après-midi, et tout se passe dans cette ébullition de joie qu'apportent les retrouvailles.

Le soir, le dîner touchant à sa fin, les enfants étaient déjà en robe de chambre, prêts à monter se coucher, lorsque le chat, je ne sais comment, se retrouve sur mes genoux. Je m'apprête à le caresser quand Nicolas me dit vivement :

– Fais attention! La semaine dernière j'ai voulu le prendre par la peau du cou, comme Maman m'a recommandé de le faire. Il a poussé un cri terrible! J'ai cru qu'il allait me mordre, et il a filé d'un trait au fond du jardin, derrière les rhododendrons.

Frédérique lui dit que le chat était trop grand et trop gros pour être saisi par la peau du cou, comme le fait la mère avec ses petits.

Je passai donc ma main, le revers de ma main, légèrement, sur son poil et fis quelques allées et venues sur son dos; je sentais, chaque fois que je m'approchais de son cou, un soudain raidissement comme s'il craignait quelque chose. Et puis je crus sentir au revers de mes doigts une légère piqûre, comme s'il y avait une épingle dans son poil. Je renouvelle la manœuvre et sens à nouveau une piqûre encore plus forte. J'écarte son poil avec d'infinies précautions et je vois un petit tortillon métallique qui semble sortir de son cou et paraît avoir été sectionné. Je sentis sans le voir ce fil métallique extrêmement serré courir tout autour de son cou. Je compris qu'il avait été pris dans un collet. Je résolus de l'en délivrer. J'opérai donc avec des gestes très mesurés que j'accompagnais d'un baume de paroles très douces que j'inventais au fur et à mesure. Je le sentais de plus en plus tendu et prêt à bondir, mais il comprenait, à travers ma mélopée, que je cherchais à l'affranchir de ce carcan qui lui emprisonnait la gorge, et qu'il devait maîtriser son impatience. Je vins à bout de cette entreprise et lui montrai, à la fin, la cause de son supplice. Le diamètre ne mesurait pas plus de deux centimètres tant il avait tiré sur le fil métallique, tant il l'avait tordu et retordu pour parvenir à le rompre, mais en même temps il en avait resserré l'étreinte autour de son cou. Je pus le caresser comme je le souhaitais et glisser mes doigts à travers ce long poil qui me rappelait Argyrol, mon enfance, et le jour où j'avais fait la connaissance de mon père.

Tout ce qui me reste de lui, à qui nous n'avons pas eu le temps de donner un nom, c'est le souvenir de quelques heures, et la faute de français qui surprend mes auditeurs quand je dis que, de temps en temps, je pense à Le Chat.

Frédérique

Tête d'âne

Je me souviens d'un chat qui débarqua un jour. Un chat à tête d'âne. Une longue tête triste comme lui. Il n'osa jamais entrer dans la maison. Il se coucha dans l'herbe, accepté par les souverains. C'était pendant la belle saison, mais, pour qu'il puisse camper dehors plus confortablement, on lui confectionna un gîte dans un carton vide tapissé de vieux lainages. Il s'y installa et s'endormit aussitôt. Il en sortait pour manger ce qu'on déposait devant le carton. Et sans doute pour faire ses besoins, mais jamais devant nous, la pudeur étant l'une des caractéristiques de sa race.

Trois semaines et deux jours après son arrivée, il sortit de son refuge. Nous étions en train de déjeuner dans le jardin, il s'approcha de la table, sauta dessus avec une agilité surprenante, puis, à la stupeur générale, grimpa sur mes épaules et s'installa sur ma tête, m'enserrant de ses pattes, planté comme un casque sur mes cheveux... comme dans *Alien*. Personne n'osait bouger, ni parler, nous nous demandions ce qu'il avait l'intention de faire… Je lisais « Reste bien immobile » sur les lèvres de Louis, les enfants retenaient leur souffle… le chat me tenait fermement entre ses pattes, mais pattes de velours car je ne sentais pas ses griffes… il resta quelques minutes, très longues, sur ma tête, puis il posa, plusieurs fois, son nez très froid sur mon front, baisers de chat, me lâcha, sauta sur la table et s'en alla, pour toujours.

– Il voulait seulement te dire merci, dit François.

Louis

La Souris

Cette fois-là, je revenais de Yougoslavie où je venais de tourner un western allemand. La famille m'attendait à Orly, c'est vous dire que cette histoire ne date pas d'hier.

Les baisers échangés, les bagages chargés, on se retrouve tous serrés dans la voiture que conduit Frédérique. Et tandis que nous roulons vers « Coin-Perdu », on me pose des questions sur le tournage, sur le pays, sur les partenaires. Et moi, je demande s'il y a du nouveau à la maison. Apparemment pas grand-chose, jusqu'au moment où l'un des enfants s'écrie :

– Ah! Si! Il y a La Souris!

– Nous avons une souris à Bures?

Éclats de rire.

– Non, ce n'est pas une souris! C'est un chat!

– Une chatte, rectifie l'aînée. On l'a appelée La Souris parce qu'elle est toute petite.

– Tu verras, elle est mignonne!

– Elle est gracieuse!

– Elle est belle !
– Elle est drôle !

Je ne fus pas déçu. La Souris – elle portait bien son nom – fait partie de ces êtres, humains ou animaux, sur lesquels le Ciel a fait pleuvoir un déluge de qualités. On peut les résumer en un mot : ils plaisent. Que dis-je ?... Ils enchantent ! Tout leur est à crédit : leur démarche, leurs gestes, leurs poses, jusqu'à leurs maladresses mêmes qui leur prêtent un attrait supplémentaire. On voit parfois dans nos métiers du spectacle de jeunes personnes, souvent de sexe féminin, débarquer avec toute la beauté, toute la grâce, tout le charme qu'on peut souhaiter, qui sont la coqueluche du jour, du mois, de la saison, et à qui l'on prédit un avenir de rêve, mais dont le destin n'est pas toujours heureux, tiraillées qu'elles sont entre leurs caprices et les appétits qu'elles déchaînent. Elles peuvent épouser un milliardaire ou s'éprendre d'un gueux qui va les tabasser, ou pourquoi pas les deux : un milliardaire qui les tabassera, car rien n'est impossible au milliardaire.

Mon père n'a jamais été un milliardaire, ni un gueux, Dieu merci, mais lui n'avait jamais aimé que les chiens. Lui qui méprisait les chats et les chattes, je le vis, chez nous, le dimanche qui suivit mon retour, s'éprendre férocement de la jeune Souris. Elle évoluait, blanche et propre, sur la nappe interdite, au milieu des verres et des assiettes qu'elle flairait sans les effleurer; elle s'attardait devant l'huilier, fouinait dans les fleurs. Ce n'était pas une coquette en représentation, mais un petit être ignorant les conventions, heureux de vivre. Puis elle déplaça du bout de la patte la petite cuillère qui était devant mon père, fit le tour de l'assiette, le dévisagea, posa ses deux pattes sur son gilet, puis avança la tête le long de son cou et commença à ronronner de façon indécente. Mon père n'osait plus bouger, il était au nirvana et répétait, extasié :

– Regardez-la ! Non mais, regardez-la !

Pour Camille, ça commençait à bien faire. Ce qu'elle voulait, elle, c'était savoir s'il y avait des vedettes dans le film que je venais de tourner.

– Tu as entendu, André, Louis a tourné avec James Stewart !

– Non, Mamie, avec Stewart Granger.

– C'est la même chose !

Elle n'aimait pas être contredite. Mais, en l'occurrence, elle avait raison puisque le vrai nom de Stewart Granger était précisément James Stewart.

Mais André n'écoutait rien, tout à sa passion pour La Souris.

Quand vint l'heure de partir, il déclara qu'il n'était pas question de se séparer d'elle. Il allait la prendre avec lui.

– Mais tu as déjà ton Mitsou adoré ! Ça ne te suffit pas ?

Sa troisième femme ne manquait pas de personnalité, mais elle dut capituler. En m'embrassant, elle me souffla :

– Ça va durer deux jours.

Si vous avez le cœur sensible, je vous recommanderai d'arrêter ici votre lecture, car la suite n'est pas gaie.

Au cœur de la semaine, je m'en fus déjeuner chez mon père. L'idylle avec La Souris durait toujours.

– Il est gâteux ! me dit Camille.

Ce qui me frappa, c'est que le chien Mitsou, qui venait tout de suite à moi quand j'apparaissais, ne bougea pas. Il était prostré dans un coin, inerte, le museau collé au sol entre ses pattes. J'entrepris de le ranimer, mais peine perdue. La chatte vint près de moi le regarder. Mitsou leva les yeux vers elle, des yeux lourds de détresse, inanimés. La voyait-il seulement ?

À table, j'attirai l'attention de mon père sur Mitsou.

– Ah ! dit-il en caressant La Souris. Il fait un caprice. Il ne mange plus. Ça lui passera.

Le dimanche, Camille m'appela pour me dire que Mitsou était mort.

– Mais, Papa... ?

– Il est parti l'enterrer derrière les lilas.

Les années ont passé.

Toutes les fin novembre les familles se réunissent pour célébrer la Saint-André que préside mon père. On a dû rallonger, puis multiplier les tables.

Il y a eu des mariages de part et d'autre. Des naissances aussi. On se retrouve ou on se découvre.

À la fin du déjeuner, vers six heures et demie / sept heures moins le quart, je vais faire quelques pas derrière les lilas... Puis je rentre.

La dernière fois, je lui ai demandé :

– ... et La Souris ?

– Quelle souris ?

Il chercha.

– Ah oui !... ton chat... je ne sais pas... Un peu de schnaps ?

Frédérique

Claudine

Un jour, Claudine quitta « Coin-Perdu » et s'en alla pour devenir libraire.

Elle s'en alla avec son mari, Hubert, et le petit bébé qu'ils avaient eu et qui était né à la maison.

Et maintenant, le petit bonhomme est devenu Médecin Coordonateur en Psychiatrie infanto-juvénile au Centre Hospitalier Guillaume-Régnier, à Rennes, et Médecin Coordonateur de suivi judiciaire des agresseurs sexuels et homicides pour la juridiction de Rennes.

Ça nous fait quel âge ?

Louis

Câline et Sidi

Alors, nous avons eu quelque temps, pour s'occuper de notre maison, une créature d'une beauté surprenante, africaine. Quand cette personne apparaissait pour servir nos invités, celui qui avait la parole restait la bouche ouverte devant cette apparition suffocante. Il s'appelait Sidi. Ah oui ! j'oubliais de vous dire qu'il s'agissait d'un homme. Une perfection de la nature. Ses traits, son allure, sa simplicité, sa timidité distinguée créaient un moment de silence, et la conversation ne reprenait que lorsqu'il avait quitté la pièce.

– Où avez-vous trouvé cette merveille ?...

Etc.

Je racontai que moi-même, quand je l'avais rencontré à l'agence qui nous le recommandait, j'étais resté sans voix. J'avais le sentiment qu'on venait de me confier quelque chose d'infiniment précieux. Le seul problème était que, dans la rue, il refusait de marcher à ma hauteur, toujours un pas en arrière, ce qui était assez dangereux et très incommode pour s'entretenir. À toutes mes questions, la réponse était :

– Oui patron... oui patron...

J'avais l'impression d'être devenu chef d'entreprise.

Dans le mois précédent, une petite chatte toute noire s'était présentée et avait été agréée par Tybert et Yéyé. On ne lui demanda pas ses papiers. Elle avait plu, elle était belle, plutôt discrète. On lui avait donné le nom de Câline. Ce qu'elle n'était pas précisément. Elle ne recherchait pas les caresses. Elle se contentait d'être là. Elle mangeait à son tour. Jamais un problème avec les autres chats. Beaucoup de méditation sur la terrasse. Tous les chats ont un mystère. Elle semblait en avoir au moins deux. Elle était de passage. Elle attendait patiemment. Quoi ?

Quand Sidi prit sa place à la maison, Câline parut s'éveiller. Elle l'observa un moment et, quand il descendit dans sa grande chambre, chose étonnante, elle le suivit. Je dis la grande chambre, car peu après son arrivée, nous avons eu la visite d'un monsieur dont la fonction, nous apprit-il, était de s'assurer des conditions d'hébergement des gens de maison. On lui présente Sidi. Apparemment, cela n'était pas un bon point pour nous. Il nous dit : « Africain, n'est-ce pas ? » Sherlock Holmes n'aurait pas fait mieux. « Où est-il logé ? » Il avait sorti de sa serviette un cahier et s'apprêtait à noter.

– Voulez-vous nous suivre ?

Nous prîmes l'escalier qui descendait au sous-sol.

– Il est logé à la cave, dit-il.

Nous passons devant la chaudière, traversons le garage et ouvrons la porte sur une pièce de plus de 40 m^2 avec une large fenêtre à quatre battants et à côté une porte vitrée qui donnait accès à la pelouse.

– Eh bien!... dit-il, assez étonné. Et c'est là que vous logez?

– Oui, monsieur, répond Sidi.

L'homme se tourna vers nous.

– Vous savez que j'aimerais bien avoir une chambre aussi grande!

Et il nous sourit : nous n'étions pas des négriers.

Il accepta de prendre un apéritif avant de se retirer.

Câline nous avait suivis, ce qui m'avait permis de voir que Sidi lui avait confectionné un petit coin à elle dans sa chambre, où elle est allée s'étendre pour montrer au monsieur qu'elle habitait là, ce que nous ignorions. En remontant, elle n'hésitait pas à nous frôler la jambe. Quelque chose avait changé.

Elle suivait des yeux Sidi avec admiration et recherchait ses caresses, qu'il donnait avec parcimonie : elle était la chatte du patron. Ils avaient des entretiens tous les deux et parfois je l'entendais qui lui parlait en wolof, sa langue originelle. Il y avait un bonheur de plus à la maison.

Tout allait bien, si bien, qu'au bout de quelque temps Sidi put s'acheter une voiture, blanche bien sûr, et que Câline, qui le suivait sur le parking, accepta de monter dans cette voiture. Je fis observer à Sidi que ce n'était peut-être pas très prudent.

– Oh, elle est sage, patron !

Je réponds :

– Il ne faudrait pas qu'il vous arrive un accident.

– Pas de danger.

Elle mangeait avec lui sur la table de la cuisine. Ils se frottaient le museau. Ils étaient beaux à voir l'un et l'autre. Il l'emmenait faire les courses à Orgeval. Elle restait sagement dans la voiture.

Un jour, Frédérique me dit :

– Ça fait plus de deux heures que Sidi est parti, ça m'inquiète.

Elle n'avait pas fini sa phrase que la voiture blanche passait sous nos fenêtres pour aller se garer sur notre parking.

Peu après la porte sur le Chemin Creux s'ouvrait, et Sidi parut. Il était presque vert.

– Oh, patron... patron... répétait-il.

– Qu'y a-t-il ?

– Câline... Câline, elle est perdue... !

De grosses larmes bordaient ses yeux.

– Elle n'est pas écrasée ?...

Il porte les deux mains à sa tête qu'il secoue pour repousser cette idée.

Puis il dit brusquement :

– Les commissions !

Il alla les chercher dans sa voiture, les ramena, les posa sur la table. Je lui propose alors de retourner à Orgeval, de demander, de chercher...

Il n'attendait que cela.

– Oh, merci, patron ! Merci !

Il revint à la nuit tombée, décomposé, bafouillant des explications que je ne comprenais toujours pas. Il craignait avant tout que je ne fusse en colère contre lui. Il pensait que quelqu'un avait ouvert la porte de la voiture et avait emporté Câline. Elle était si précieuse à ses yeux qu'il imaginait que tout le monde cherchait à s'en emparer.

Il n'était pas en état d'assurer son service, ce serait plus raisonnable d'aller dans sa chambre. Demain est un autre jour. Qui sait si elle ne sera pas de retour...

Elle ne fut pas là le lendemain. Sidi luttait contre sa tristesse.

Deux jours plus tard, en voulant rentrer sa voiture dans le garage – car depuis la disparition de Câline, il était persuadé que les gens lui en voulaient –, il érafla l'aile de sa voiture. Ce qui l'assombrit à nouveau. C'était trois fois rien, mais il ne l'entendait pas ainsi. Il ne voulait pas paraître devant les gens avec une voiture qui ne fût pas impeccable. Il fit repeindre sans délai. On n'osait parler de Câline.

Au bout de dix jours, un matin il sortit la couchette qu'il lui avait aménagée dans sa chambre et la fit brûler en la regardant se consumer jusqu'au bout.

Encore dix jours et un matin je l'entendis crier « Patron ! Patron ! », en escaladant les marches de la cave.

– Ça remue là-bas au fond, patron !

Il m'expliqua, terrorisé, qu'il avait entendu du bruit dans un réduit qu'on appelait le cagibi.

– Et qu'est-ce que c'est ?

– Je sais pas, patron, j'ai peur !

Je descends avec lui, j'entends un bruit léger, j'ouvre la porte, j'allume, l'ampoule grésille un instant puis s'éteint... Sidi hurle :

– Je l'ai vue, patron ! Elle est là ! Câline ! Elle a perdu sa patte !...

J'avance dans le noir, je ne peux rien voir, mais un bruit léger suspendu, comme si quelqu'un – mais ce n'est pas possible – retenait sa respiration. Je remonte chercher une lampe torche, Sidi m'a suivi et redescend avec moi. Je fouille l'obscurité, je tombe sur une partie de Câline, mais ce n'est plus la même. En effet, il semble lui manquer une patte. Elle cherche à se cacher. Sidi veut l'approcher, elle se fait menaçante. Dans le noir elle ne peut nous reconnaître. Elle porte un étroit collier de cuir rouge que je ne lui connais pas, et dans ce collier elle a réussi à passer une de ses pattes de devant, mais la patte est tellement engagée qu'elle ne peut plus la retirer. Elle n'a plus d'équilibre, elle est appuyée à un carton et elle suffoque. Sidi gémit. Je lui fais tenir la lampe, je parviens à saisir Câline, elle se débat légèrement, et nous nous retrouvons à la cuisine. Je la pose sur la table et je cherche à dégager la patte sans lui faire mal. Non, ce n'est plus la même. Qu'a-t-elle fait? Où a-t-elle vécu durant ces vingt jours? Qui lui a mis ce collier? Comment s'est-elle retrouvée ici? Elle semble ne pas reconnaître Sidi. Elle se hérisse dès qu'il fait mine de l'approcher. Elle n'est plus la même. Il n'est plus le même. Ils ne se retrouvent pas. Je parviens à ouvrir le collier, sa patte reste un moment dans la même position. Lentement elle recouvre sa mobilité. Sidi répète d'une voix douce :

– Câline... Câline...

Elle se recroqueville. Elle ne sait plus qui il est. Il lui demande qui lui a mis ce collier, comme s'il lui demandait des comptes. Pour lui, elle a appartenu à quelqu'un d'autre, ce n'est plus la même. Et moi j'ai la mauvaise idée de la descendre dans la chambre de Sidi, et nous voyons en même temps, la chatte et moi, que la couchette n'est plus là. Elle saute hors de mes bras et remonte à la cuisine. Elle ne descendra plus.

Le lendemain Sidi, en voulant ramasser à côté de lui une bouteille de lait, a un accident de voiture. La voiture blanche est anéantie, rien de grave pour lui, mais sa vie va prendre un autre cours. Ils ne se reverront plus.

Nous gardons Câline quelques mois. Elle a repris ses habitudes distantes et méditatives. Elle pense, mais à quoi ? Un matin elle nous quitta pour toujours.

Frédérique

Chantier

La plus belle adoption de Tybert et Yéyé, ce fut Chantier.

Un tout petit chat blanc et noir qui débarqua un matin où commençait un chantier.

Était-il sorti de la boîte du menuisier? Était-il venu avec le peintre? S'était-il caché dans l'attirail du plombier? Mystère. Mais ce petit être éveilla aussitôt la sympathie de tous les corps de métier. Tout le monde voulait adopter Chantier. On l'avait appelé comme ça et il répondit tout de suite à son nom, avant même de savoir qui allait l'adopter.

Personne.

Ni les épouses, ni les mères, ni les sœurs ne se laissèrent séduire par les descriptions que peintres, menuisiers, plombiers et maçons leur firent du petit lutin. Alors il resta là, une fois les travaux finis, sous l'œil bienveillant de Tybert et Yéyé.

Ils n'étaient plus tout jeunes et, dans leur grande sagesse, devaient savoir qu'un jour ils ne seraient plus là pour veiller sur nous. Ils préféraient que la relève soit assurée.

Chantier avait grandi, forci, mais il était encore un très jeune chat quand nous dûmes partir en Asie, Louis et moi.

Singapour, Bangkok, Pattaya...

Moitié vacances, moitié travail, bonheur complet.

À notre retour, trois semaines plus tard, on nous dit que le chat avait disparu.

J'ai eu de la peine, je l'aimais déjà, ce petit chat si joyeux...

Un miaulement de Tybert...

Un regard de Tybert qui se dirige vers la porte, la franchit, se retourne, me regarde, repart.

Je le suis.

Il m'emmène droit sur la terrasse, jusqu'à la grande jarre, la plus grande de toutes. Et, dans la grande jarre, il y avait Chantier avec cinq petits.

Le lutin était une fille.

J'avais manqué de temps, avant notre départ en Asie, pour faire castrer celle que je croyais être « le petit Chantier ».

Nous avons toujours fait opérer nos chats comme nos chattes. Par amour pour eux. Parce qu'il ne faut jamais oublier que la France est médaille d'or ou d'argent pour l'abandon de ses petites bêtes. Parce que j'avais vu noyer des petits chats dans ma montagne. Ou les fracasser contre un mur.

Une amie m'avait reproché ma cruauté. Comment osais-je les priver des joies de l'amour et de la famille ?

– Imagine qu'on vous le fasse, à Louis et à toi ! m'avait-elle dit.

Je lui demandai si elle allait souvent donner un coup de main aux gens qui, à la SPA, recueillent ceux qui ont cessé de plaire au genre humain. Elle me dit qu'elle avait autre chose à faire.

C'est à elle que je donnai le premier coup de téléphone pour essayer de placer les petits chats de Chantier.

– Tu plaisantes..., me dit-elle.

Hélas, je passai la journée à téléphoner en vain. À 6 heures du soir, j'appelai notre vétérinaire, le docteur de P...

– Venez tout de suite, me dit-il.

Je me précipite, emportant les petits dans un carton à chaussures, comme il me l'avait conseillé. Je les installe dans du coton, en essayant de les regarder le moins possible. Je mets leur mère dans le panier de voyage de Tybert. Je fonce.

Il y a sept personnes devant moi dans la salle d'attente. Sept personnes tristes. Sévères. Un vieux monsieur avec un grand chien couvert de bandages, une jeune fille avec un cacatoès. Personne ne parle à personne. Parfois un miaulement douloureux éveille les pleurs d'un chien...

Je me suis assise auprès d'une dame très élégante. J'ai essayé de lui sourire mais son expression glacée a coupé mes moyens. Je suis le numéro 8 et j'ai sur les genoux une boîte en carton avec des petits malheureux que je vais faire tuer. Je sens leur chaleur sur moi, je les sens bouger... j'ai dû pleurer sans m'en rendre compte car je sens une main qui se pose sur la mienne. C'est la dame très élégante qui, soudain, n'est plus glacée du tout. Elle me dit :

– Mon petit... qu'est-ce qui se passe?

Je le lui dis et voilà que chacun écoute, oublie qu'il est pressé, comprend, compatit, et, quand la porte s'ouvre et que le docteur paraît, il y a sept personnes qui me désignent et lui demandent de me recevoir tout de suite.

Sept fois merci.

Frédérique

Ce n'était pas la première fois que le docteur de P... avait pitié de moi.

Il était venu, un 24 décembre, quand une petite chatte avait débarqué à la maison en plein dans les préparatifs de la fête.

Elle était douce, timide et noire. De ce noir verdâtre et roux qu'avaient autrefois les pauvres soutanes de très vieux curés.

Claudine était encore là. Elle avait tout de suite compris qu'il valait mieux que les enfants ne croisent pas la petite bête et les avait embarqués dans le salon, en les chargeant de décorer, sur-décorer et décorer encore et encore l'arbre de Noël « pour faire une surprise à Papa et Maman ».

Le docteur avait ausculté la chatte dans la cuisine. Le diagnostic était navrant. Elle était sur le point de mettre bas mais les petits étaient déjà morts, calcifiés, elle allait mourir de septicémie, dans des souffrances terribles... elle souffrait déjà.

– La seule chose qu'on puisse faire pour elle..., dit le docteur.

J'avais compris. Nous allions l'endormir.

C'était la première fois que je condamnais à mort un être vivant.

La petite chatte me regardait, confiante. Elle ronronna quand je posai la main sur elle.

– La seule chose..., répéta le docteur, navré.

J'étais d'accord. Mais elle ronronnait, c'était Noël, j'aimais les chats, toutes les bêtes de la Création, même les méchantes, les laides, les tordues, les venimeuses... La chatte nous regardait puis elle ferma les yeux et ne souffrit plus.

Joyeux Noël ! Les enfants n'avaient rien vu.

Dix-huit ans et demi avaient passé depuis que nous avions recueilli Tybert sur le toit de la remise.

– Tybert est un dieu lare, avait dit mon père la dernière fois qu'il l'avait vu.

Venu pour le rappel de leurs vaccins l'année de leurs 18 et 16 ans, le docteur de P... avait souri en trouvant Tybert sur mon bureau. À son habitude, le chat surveillait mon travail.

– Vos chats ont atteint ce bel âge car ils ne veulent pas vous quitter. Ils sont trop heureux avec vous. Mais le jour où l'un des deux s'en ira, l'autre le suivra très vite... comme un bœuf qui ne peut survivre à son frère de joug.

Les bœufs frères. Ces grands bœufs calmes et doux que je croisais dans mon enfance sur les chemins forestiers des Cévennes, traînant des charrois de bois fraîchement coupé sur la montagne.

Tybert partit le premier. Normal, il était l'aîné. C'était un moment sombre pour la famille. Cathy venait de divorcer, Louis était hospitalisé, opéré d'un ménisque. En rentrant de la clinique, un soir, je trouvai dans la gamelle de Tybert un petit hérisson repu, qui dormait, ventre en l'air, après avoir mangé la pâtée des chats. Et les chats le regardaient sans chercher à le déloger. Impuissants. Vieux.

Je restai une partie de la nuit à les caresser, à leur parler doucement. J'étais seule avec eux dans la maison. Avec Chantier. Il faisait bon mais j'avais froid. Je me couchai quelques heures, dormis mal. Au petit jour j'allai les retrouver. Je les regardais... je leur parlais...

Je savais.

Tybert mourut un peu avant l'heure où il serrait tous les matins la main du facteur.

Trois jours plus tard, chat-frère, Yéyé le suivit. Doucement.

Ils venaient tous deux de me faire le plus beau des cadeaux : mourir sans que j'aie à les aider à passer la frontière dont on ne revient pas.

Il n'y avait plus d'enfants dans la maison. Tout le monde était grand.

Les années Tybert étaient finies.

La vie était un peu compliquée.

À peine remis de son opération, Louis répétait une pièce. Quelle pièce ? Dans quel théâtre ? Aucun souvenir. Je terminais l'écriture d'un roman et j'avais un peu de mal à gérer ma vie car nous étions en panne de personnel. Sidi était parti.

Heureusement, Chantier était là.

Elle avait pris la succession de Tybert, accueillait les enfants pendant le week-end, me suivait partout et, surtout, assise sur ma table de travail, attentive, elle surveillait mes écrits.

Je lui parlais comme j'avais toujours parlé aux autres. Elle m'écoutait.

Un matin je lui annonçai que nous avions trouvé un couple de Marocains très sympathiques, qui allait venir s'installer à la maison dans deux jours. « On va pouvoir finir notre livre, Chantier ! »

Hélas, il n'en fut rien. Les malheureux durent rentrer de toute urgence au Maroc au chevet d'un de leurs enfants accidenté.

Louis me l'annonça comme je rentrais avec, dans les bras, un bouquet destiné aux nouveaux venus.

Je revois la scène. C'est dans notre chambre, Louis est assis dans le fauteuil bleu, Chantier sur les genoux. Il me dit :

– Assieds-toi.

Je m'assieds sur le lit. Louis m'explique qu'ils ne viendront pas et pourquoi ils ne viendront pas. Je pense à cet enfant, à ces pauvres gens... je pense aussi à quel point il est difficile, pour une femme, le trajet qui mène à la table de travail.

Je ne dis rien.

Je suis sonnée.

Alors Chantier quitte les genoux de Louis, traverse la chambre, saute sur le lit, se met debout contre moi et me dit :

– Je t'en prie, Maman, ne sois pas triste ! Ça va s'arranger ! Ne pleure pas !

Du moins c'est ce que j'ai entendu.

Louis aussi. La preuve, c'est que l'enfant accidenté se remit de ses blessures, et si ses parents ne revinrent jamais en France, un autre Marocain, merveilleux, entra dans notre maison et notre vie. Blaïd. Et Chantier et moi nous pûmes nous remettre au travail.

Trouvé dans les papiers de Tybert, des années après sa mort.

18 ans. J'aurai 18 ans cet hiver si la déesse chatte, l'Égyptienne aux yeux en amande, ne tranche pas plus tôt le fil de mon destin d'un coup de patte.

*Pour vous, humains, 18 ans c'est un début. L'entrée dans la vie, la majorité, le vote, le service militaire**, *le permis de conduire... Pour nous, félins, c'est un miracle. C'est la sagesse, le difficilement atteint. L'âge chatnonique.*

Je suis assez vieux pour oser dire que je suis fier de ma vie. Des imbéciles me plaignent parce que je n'ai pas eu d'enfants. Pas eu d'enfants? Et Frédérique? Et Louis? Et les petits? Qu'est-ce que tout ce monde serait devenu sans moi? Imaginez un peu « Coin-Perdu » sans Tybert! À propos, je m'appelle Tybert et je suis heureux de pouvoir le préciser ici car il m'est désagréable de lire à travers la presse des articles qui me sont consacrés et où l'on m'orthographie « Tibère », comme s'il s'agissait de l'empereur

* Tybert a vécu avant la réforme du service militaire.

romain. Rien à voir. Je m'appelle Tybert comme Tybert le Chat, héros farceur et surdoué du Roman de Renart. *Je fus baptisé sous le signe des Lettres, une goutte d'encre tombée sur mon museau décida de ma vocation et, lointain petit-cousin du Chat Murr, je devais, comme lui, passer ma vie à griffer le papier.*

Mais revenons à mon plus ancien souvenir, à la fois triste et joyeux, saveur double qui est souvent, je l'ai remarqué, la saveur de la vie. J'étais encore un bébé et je pleurais sur le toit d'une petite remise où l'on m'avait abandonné. Qui? Pourquoi? Je ne me souviens pas. Il y eut d'abord des voix inquiètes, il fut question d'une échelle, je perçus une agitation, une course, un va-et-vient pressé, puis un être immense apparut au-dessus de moi.

— Il est minuscule, dit-il, et il m'enleva dans une de ses mains.

Je crus que j'allais avoir très peur mais, à ma grande stupéfaction, je me mis à ronronner.

L'être immense – c'était Louis –, me tenant toujours dans une seule main, descendit de l'échelle et je découvris quatre autres créatures, de plus en plus petites comme ces poupées russes qui peuvent tenir toutes ensemble dans la plus grande. C'était Frédérique, Catherine, Nicolas et François dans sa poussette. C'était ma famille.

Oh! je n'ai pas été tout de suite opérationnel. Il a fallu accepter d'être un enfant-chat parmi les hommes. J'ai fait mes bêtises comme tout le monde. J'ai eu mes frayeurs et mes angoisses. Pendant longtemps la vue d'une valise m'a rendu malade. Je savais ce que ça voulait dire. J'ai même essayé une fois de me cacher dedans. Ça n'a pas marché. J'ai mangé un rideau, cassé des tasses, déterré des fleurs, ébouriffé un fauteuil... et puis un jour j'ai compris que si je ne les aidais pas, ils n'y arriveraient jamais. Alors je me suis mis au travail. Ça n'a pas été facile et quand nous avons écrit La Demoiselle d'Avignon, *nous étions loin de nous douter que, du jour au lendemain, nous allions être célèbres, que, du jour au lendemain, la maison allait être envahie de journalistes, de photographes, de caméras... Je me revois sous le feu des projecteurs, stoïque dans mon épaisse fourrure, un peu gêné d'être la vedette de tout ça. Beau joueur, je poussais Louis et Frédérique en avant. Tybert Super Star c'est bien joli mais j'avais d'autres chats à fouetter, si vous voyez ce que je veux dire. Le gazon à tondre, le vin à rentrer, le linge à compter, les devoirs des enfants à surveiller, le feu à regarder dans la cheminée... Et tous ces livres à écrire ! Une vie de chien.*

Mais je ne regrette rien.

Chat trouvé, humains trouvés, nous avions besoin de cette rencontre, et s'il y en a un que je ne comprends pas, c'est bien Kipling avec son chat-qui-s'en-va-tout-seul-par-les-chemins-mouillés-du-Bois-Sauvage. Pourquoi il s'en va, celui-là ? Pour consulter le docteur Freud, j'espère, il en a besoin ! M'en aller ? Tout seul ? Et par des chemins mouillés, en plus ! Et d'un Bois Sauvage pour tout arranger ! Ça va pas, non ? Moi je reste à « Coin-Perdu », dans ma bibliothèque – dans ma librairie, comme dirait Murr –, je veille devant le feu, je garde la maison où vont et viennent les miens, bruit rassurant, je feuillette mes livres... j'en ai commencé un autre...

Alors je ronronne.

Je ronronne pour vous.

… dans une famille

Frédérique

Le fil d'or

Se doutaient-elles, nos belles-filles bien-aimées, qu'en épousant nos fils elles entraient sans espoir de retour dans une famille de chats ?

François, le plus jeune, se maria le premier.

Il avait rencontré Fanny Bruneth pendant le tournage de *Chateauvallon.* Il y était assistant-réalisateur, elle y était stagiaire. Ils surent tout de suite qu'ils étaient faits l'un pour l'autre et, très vite, il l'amena à « Coin-Perdu ».

Chantier l'adopta au premier coup d'œil et, quand elle sauta sur les genoux de la jolie jeune fille, je crus voir le fil d'or de la famille qui nous cousait les uns aux autres.

J'aurais voulu que mes parents soient là !...

Mais mes parents nous avaient quittés en 1983 et nous étions en 1984.

« Le chiffre de nos jours est de soixante-dix et pour les plus robustes de quatre-vingts... » dit la prière de Moïse, homme de Dieu, prière de notre famille depuis des générations.

La jolie jeune fille caressait Chantier, pensive. Elle nous dit que dans son enfance, elle n'avait eu qu'un chat.

Raminagrobis.

En réalité, Raminagrobis était une chatte. Une SDF qui vint s'installer dans leur maison à l'autre bout des Yvelines, avant d'y mourir trop vite d'un cancer.

Passage fugitif d'une très douce tendresse. Larmes de Fanny et de sa sœur Adeline le jour de l'enterrement, sous un tilleul en fleur, de la petite bête à peine connue. Mais la mémoire de cet amour existe toujours.

Et puis : Raminagrobis !

C'est La Fontaine ! La poésie, l'imagination, la langue française...

Raminagrobis !

« Un saint homme de chat, bien fourré, gros et gras, un chat faisant la chattemite... »

C'est joliment dit, bien que légèrement tendancieux, cher Monsieur de La Fontaine. Mais peu importe, votre génie lui-même ne peut lutter contre un si tendre souvenir.

Une autre jolie jeune fille, Dominique, déjà avocate, nous fut amenée par Nicolas en 1989 et, tout de suite, comme pour Fanny, Chantier sortit le fil d'or pour la coudre à nous.

Dominique n'a pas eu de chat dans son enfance. Chez les Sauret on aimait les chiens. Fidèles. Dévoués. Honnêtes. Tandis que les chats ! Oh ! les vilains !

Dominique pose la main sur Chantier qui s'est installée sur elle, tranquille, confiante. Dominique est étonnée... séduite?

On lui a toujours dit de se méfier des chats.

Affaire à suivre.

Souvent je me suis demandé pourquoi Chantier ne m'en voulait pas. Que savait-elle au juste de mon rôle chez le vétérinaire? Rien? Tout? M'avait-elle pardonné?

Blaïd la traitait avec des égards dont je ne connaissais pas encore l'origine.

Elle mangeait hallal comme lui, dormait au salon dans une corbeille confortable, était d'une propreté exemplaire et adorait recevoir des invités.

Parfois, dans la journée, elle venait se blottir sur notre lit, mais, le soir, elle allait droit à sa corbeille, ce qui était vraiment gentil de sa part, car les chats, n'ayant pas le même biorythme que nous, sont enclins à nous réveiller vers 4 h 35 ou même 3 h 48 du matin pour faire un brin de conversation.

Nous dormions profondément, quand un cri dans la nuit réveilla Louis près de moi. Il allume et me découvre, assise dans le lit, regardant la goutte de sang qui perle à mon doigt. On cherche l'épingle ou l'aiguille égarée qui a dû me piquer... peut-être une plume d'oie évadée de l'oreiller?... On cherche... on ne trouve rien. On se rendort.

La nuit suivante un cri me réveille.

Louis est assis dans le lit et regarde la goutte de sang qui perle à son doigt. On cherche de nouveau… on ne trouve rien.

La nuit suivante on va se coucher de bonne heure pour suivre *Madame Butterfly* à la télévision de notre chambre et, tout à coup, sur *la mer calmée* et sur la moquette ivoire, qui voit-on passer ? Une petite souris pleine d'entrain qui disparaît derrière la coiffeuse en habituée des lieux.

Coup de téléphone au docteur de P… avec accompagnement de Puccini en stéréo, car lui aussi regarde *Madame Butterfly*. Notre histoire de gouttes de sang l'enchante. On nage en plein conte de Grimm !

– Ne cherchez plus l'aiguille, c'est la souris ! Nous sommes en automne, les souris cherchent de la chaleur et rentrent dans les maisons. Celle que vous avez vue doit dormir avec vous (!) depuis que le temps a fraîchi. Elle vous a mordus parce que vous bougiez et que ça la contrariait. Ce n'est pas grave, ce doit être un petit mulot bien propre et il n'y a aucune épidémie, de rage ni de quoi que ce soit, dans la région en ce moment.

Par contre, il nous conseille d'aller chercher Chantier dans sa corbeille afin de nous assurer une fin de nuit tranquille.

Mais la chatte, scandalisée d'avoir été réveillée en sursaut, la chatte, totalement dépourvue d'instinct de chasseresse, refusa de nous aider et, fâchée pour la première fois de sa vie, s'endormit dans un coin de la chambre en nous tournant ostensiblement le dos.

C'est une tapette et un bout de fromage qui eurent raison, le lendemain matin, de notre visiteuse.

Minuscule.

Une larme de fourrure douce sur le bois du piège. Je la regardais avec chagrin, pensant qu'on aurait pu, qu'on aurait dû être amies... Alors, parfois, s'il m'arrive de surprendre un infime éclair sombre qui disparaît derrière un meuble ou le frigo, je ne bouge pas. Mes chats non plus. On n'a pas eu besoin d'en parler.

C'est comme ça.

Frédérique

La famille

François et Fanny se marièrent en 1986 à Saint-Léger-en-Yvelines.

Nicolas et Dominique se marièrent en 1991 à Morainvilliers.

Le vieux prêtre de notre village s'inquiétait pour l'état de son église. Il avait du mal à trouver des personnes qui veuillent bien la balayer, la tenir en bon état, éventuellement la fleurir pour un baptême ou un mariage. Il s'en ouvrit à Hubert qui finit par trouver une jeune dame portugaise qui accepta la mission.

Elle s'appelait Maria.

C'était il y a dix-neuf ans. Eh bien, Maria est toujours là, près de moi. Je lui lis des passages du livre que nous sommes en train d'écrire. Certains sont des passages de sa propre vie.

N'est-ce pas merveilleux que ce soit le mari de Claudine qui nous ait trouvé celle qui veille maintenant sur « Coin-Perdu » ?

Au début, j'ai souvent cru qu'il y avait un

enfant avec elle dans la cuisine. Non. Elle parlait avec le chat.

Les chats l'ont toujours adorée.

Ils sont persuadés qu'ils peuvent lui mentir et qu'elle les croit toujours.

– Je ne les crois pas, dit Maria en riant, je fais semblant et ça les rend contents !

Avec tout ça, Louis et moi nous avions changé d'emploi, comme on dit au théâtre.

Nous étions devenus grands-parents.

Le grand-père : Monsieur Louis Velle.

La Babouchka : Madame Frédérique Hébrard.

Paul avait vu le jour en 1988, pendant le tournage du *Mari de l'ambassadeur* que réalisait son papa. Alice arriva en 1991.

C'était très gai !

C'est aussi ce que pensait Chantier qui adorait la vie de famille, les visites, les invités, et surtout les journalistes et les photographes. Se souvenant des enseignements de Tybert, elle ne manquait jamais de les raccompagner jusqu'à leur voiture.

Du coup elle a un press-book du tonnerre !

Personne ne pouvait s'asseoir dans le grand fauteuil à côté de la cheminée sans qu'elle lui sautât sur les genoux.

Alors c'était sa fête : « Oh ! Le minet, la minette, le joli chat ! L'amour ! Le trésor ! La belle ! La beauté ! »

Une seule fois ce fut catastrophique :

– Enlevez-le-moi ! Pitié ! Je ne peux pas voir les chats ! Je les déteste ! Ils me font HORREUR !

Mais le pire ce fut avec une jeune et jolie journaliste qui se mit brusquement à gonfler, renifler, pleurer, avant de nous avouer qu'elle était allergique aux poils de chat. Comme Mlle Schmoll.

– Et je les aime ! disait-elle en se mouchant. Je les adore ! ajouta-t-elle entre deux éternuements. Ils me manquent ! sanglota-t-elle.

On fit sortir Chantier, on changea de pièce, mais la maison tout entière était imprégnée par nos petits amis. Il fallut terminer l'interview au café du village où nous vîmes la malheureuse retrouver peu à peu son ravissant visage.

Sortilège.

Ils étaient capables de ça, les chats ?

De bien pire encore.

Quand Chantier s'éteignit, tout le monde pleura.

J'étais à la toute fin de l'écriture d'un livre.

Je restais des heures figée, absente, morne, dans la datcha de bois que j'avais fait élever au sommet de la colline qui nous domine.

Un léger bruit me sortit de mon engourdissement.

Sur le seuil de la datcha un chat blanc me regardait gravement. Je lui dis : « Entre ! »

Il entra.

Je finis le livre d'une traite. Quand je relevai la tête, le chat blanc avait disparu.

Je ne l'ai jamais revu.

Louis

Biographie succincte d'une portée de trois petits chats nés sur les bords de l'Hérault, au pied de l'Aigoual, qui vont jouer un rôle important dans nos vies

Été 1994.

Nous passons nos étés dans notre maison des Cévennes, héritée des parents de Frédérique. Les enfants et les petits-enfants viennent nous y rejoindre. La falaise d'habitations dont notre maison fait partie est collée au flanc rocheux de l'Aigoual, et, devant cette falaise, il n'y a plus de pentes. Le sol se dérobe brutalement jusqu'au chemin qui mène au hameau de Malet, dernière étape humaine avant la source de l'Hérault qui jaillit du rocher sous forme de cascade, plonge jusqu'au creux de la vallée et commence son parcours de jeune fleuve plus riche de pierres que d'eau, jusqu'à l'heure où les effroyables orages de l'Aigoual vont le métamorphoser en dévastateur de rivages, bousculant les rochers et les souches, puis aussi brusquement qu'elles étaient apparues, les eaux du ciel feront place au soleil qui lui rendra son humeur habituelle, innocente et flâneuse.

Parfois, pour épargner aux maîtresses de maison les tracas du dîner, ce qui le précède et ce qui le suit, nous descendons prendre ce repas à l'Auberge distante de quinze cents mètres. C'est toujours une petite fête.

D'autant plus que ce jour-là, il a fait beau, nous allons dîner sur la terrasse qui domine l'Hérault. Il n'y a encore personne. Frédérique est restée à parler avec l'aubergiste. À peine installés, on voit débouler trois petites bombes, trois poils différents, trois petits chats qui n'ont guère plus de vingt jours, qui savent à peine miauler, qui se bousculent, se mordillent, s'affrontent, se roulent l'un sur l'autre avec une joie d'exister qui se communique à nos petits-enfants. Alice bat des mains, Paul a peur qu'ils ne se fassent mal. Ses parents le rassurent. Moi, je déguste cette ratatouille de grâce et de maladresse qui est un régal pour l'œil et fait monter le sourire aux lèvres. Ils sont visiblement de la même portée mais différents.

Le premier est d'un noir absolu, avec juste de petites guêtres blanches et une queue bouclée traduisant, paraît-il, de lointaines origines siamoises, qui se dresse verticalement, ce qui donne une ponctuation comique à toutes ses attitudes. Le deuxième, au contraire, porte une déclinaison de beige qui va d'un blanc léger jusqu'à la couleur chaude que prend la crème fraîche lorsqu'on y verse du sucre cristallisé. La troisième petite bête est blanc et gris, ravissante. Il y a une allégresse pataude dans chacun de leurs mouvements, et c'est vrai que la justesse encore empruntée de leurs évolutions, les chutes, les culbutes, les rétablissements, rendent encore plus légère et plus heureuse cette fin de journée. Le bonheur des enfants fait plaisir à voir.

– Regarde, Babouchka, comme ils sont drôles ! Regarde !

Frédérique, qui vient de nous rejoindre, n'est pas au diapason des enfants. Je murmure :

– Il y a un problème ?

– Ils ont pris des dispositions pour les euthanasier au début de la semaine prochaine.

– C'est quoi, euthanasier ? demande Paul.

Alors Frédérique explique : des gens s'étaient engagés à les prendre, un ou deux, ces gens ne se manifestent plus, ou ils n'en veulent plus, bref, on ne peut pas les garder.

– On ne va pas les tuer, quand même ? s'insurge Alice.

– On va les endormir, répond Frédérique.

– Et on les réveillera ?

Silence.

Ce petit drame imprévu, insignifiant et irréversible, mobilise le frère et la sœur. Je ne sais quelles images se fixent dans leur tête, mais ils sont frappés d'épouvante et manifestent leur réprobation. Il ne leur est pas supportable de voir rendus au néant ces trois petits êtres si vivants. C'est un chœur alterné de supplications et d'engagements qui monte vers les parents : on prendra soin d'eux (les chats), on fait valoir qu'ils (les parents) viennent d'atterrir à Villennes, que ce n'est plus comme l'appartement de Paris, qu'ils disposent d'un grand jardin... Papa ! Maman ! Les parents qui se regardent ont déjà cédé. Banco ! Cris de joie ! Embrassades ! Alice choisit celui qui est tout noir, elle l'appellera Tapenade, comme le hors-d'œuvre qu'on vient d'apporter. Paul choisit celui qui est tout clair, il l'appellera Pélardon, comme le fromage qu'il aime tant. Et le troisième qui est gris et blanc ? On ne va pas l'abandonner ? À qui ira-t-il ? Alice suggère qu'on le prenne aussi en attendant d'avoir un petit frère ou une petite sœur ! Si les parents sont d'accord, bien sûr. Les parents se contentent de sourire. Alors Alice se tourne vers Frédérique :

– Et toi, Babouchka, tu ne le prendrais pas à « Coin-Perdu » ?

Babouchka est en train d'examiner de près le numéro trois.

– C'est une petite fille, dit-elle. Je l'appellerai Cévenole, tout simplement.

D'un hochement de tête j'approuve sa décision.

Les enfants battent des mains. La vie reprend ses droits sur toute la ligne. Les minets continuent leur faridon, inconscients du basculement de leur destin. Et c'est le cœur en fête que nous remontons vers « Les Bressous », sous la lune et les étoiles, et dans ces cas-là c'est en faisant résonner nos pas sur la route qu'on entonne *Les bat's d'Af'* que j'ai appris à la famille, souvenir d'avoir appartenu quelque temps à un régiment semi-disciplinaire :

Il est sur la terre africaine
Un bataillon dont les soldats
Dont les soldats
Sont tous des gars qui n'ont pas d'veine
C'est les bat's d'Af', et nous voilà !
Et nous voilà !...

Et puis le temps des vacances s'épuise. C'est le retour. Tapenade et Pélardon prennent le chemin de Villennes. Reste notre Cévenole que nous ne pouvons pas garder avec nous puisque nous allons passer la quinzaine qui nous reste au Paradis terrestre. Très exactement à Eugénie-les-Bains chez nos amis Christine et Michel Guérard. Ce séjour est destiné à réparer les excès des vacances grâce aux bienfaits du thermalisme et surtout au régime minceur hyperinventif et surefficace de Michel.

Aussi, Catherine se propose de prendre Cévenole dans son appartement parisien, le temps que nous revenions à « Coin-Perdu ». Et voilà nos trois petits chats en route pour leur destinée. À l'heure où j'écris ces lignes, deux sont encore parmi nous pour leur seizième année.

Quand il fut question de reprendre Cévenole, nous avons eu droit à une réplique de la scène vécue avec le Hongrois, quand nous avons voulu reprendre notre premier chat, le chat Bonheur. Mais ce n'étaient pas les bêtises, les dégâts, les exactions qui attachaient Catherine, au contraire nous avons droit au catalogue de toutes les qualités de sa petite pensionnaire.

Cévenole était une compagne affectueuse, attachante, délicate, bien éduquée, et surtout, surtout intelligente. Cathy ne pouvait plus se passer de sa présence, elle suppliait de la lui laisser. Et puis nous pourrions profiter d'elle puisque le week-end elle amènerait Cévenole avec elle à « Coin-Perdu ». Et en effet, de toute la dynastie de chats que nous avons hébergés, elle fut, avec Tybert, la plus remarquable, et en tout cas le plus beau globe-trotter que nous ayons rencontré.

Pour elle, à Bures, il n'y avait pas plus de clôture que pour un oiseau. Sans cesse en mouvement, elle escalade tous les obstacles, se fait connaître des voisins, s'égare loin de la maison, nous inquiète, revient par surprise, toujours avec une idée en tête. On la voit s'arrêter, réfléchir, décider, filer comme l'éclair, disparaître, revenir, toujours les sourcils froncés, si je puis dire, toujours en quête de vérification, de découvertes, de confirmation. Bref, si ça n'est pas une intellectuelle, à coup sûr c'est une cérébrale : elle réfléchit, puis ne réfléchit plus et s'élance avec une absolue témérité.

Ces incessantes allées et venues l'exposent, comme on le verra plus loin, à de terribles dangers. On se demande comment elle fait dans l'appartement de notre fille. Évidemment, « Coin-Perdu » lui propose tant d'espaces, de curiosités et d'imprévus qu'elle s'enivre de cette liberté. Mais Cathy nous dit combien elle est mesurée, patiente, attentive à la personne, la suit, contrôle ce qu'il peut y avoir de profitable dans les sacs qu'elle rapporte ; elle en fait l'inventaire, fait connaître ses préférences, puis sans transition vient se blottir, ronronne, s'abandonne et s'endort.

Frédérique

Jules

Jules. 01 39 75 XX XX.

Jules, le seul chat dont je notai le numéro de téléphone dans mon carnet d'adresses.

Jules. Il vint à moi en se glissant par un trou de la haie de troènes, et je crus voir un frère de mon cher Tybert. Même fourrure tigrée, même port altier, même regard de lion sage…

– Mais qui es-tu, toi? À qui es-tu? D'où viens-tu?

Il ne répondit pas à ma question mais se frotta contre mes jambes. Et refusa de s'en aller. J'étais un peu gênée. Il était propre, bien tenu, bien nourri. Il avait sûrement une maison, une famille qui s'inquiétait de son absence. Que faire? Le mettre à la porte? Certainement pas. À peine installé il semblait être avec nous depuis toujours… Comment s'appelait-il? Le lendemain je téléphonai à la mairie pour savoir si des gens n'avaient pas signalé la disparition de leur chat. Mais c'était jour de fermeture… J'avais à peine raccroché qu'on sonna à la porte. J'ouvris à une jeune femme qui semblait éperdue et au bord des larmes.

– Il est chez vous ? dit-elle en se mordant les lèvres.

– Qui donc ? lui demandai-je.

– Jules !

En entendant ce nom le chat s'était levé et restait, grave et immobile, au milieu de l'entrée.

– Gardez-le, je vous en prie !

La jeune femme pleurait maintenant de tout son cœur. Je la fis asseoir. Le chat n'avait pas bougé et nous regardait tandis que j'écoutais son histoire avec stupeur.

Le compagnon de la jeune femme n'aimait pas les chats. Et surtout pas Jules. Elle l'avait surpris lui donnant un coup de pied ! Elle comprenait maintenant pourquoi le chat semblait perdu quand ce monsieur arrivait. Elle avait peur que ça ne tourne mal.

– Gardez-le, Madame, répéta-t-elle en saisissant mes mains dans les siennes.

Je me débattis un peu, enfin, pas trop... j'étais en manque de chat !

Je lui objectai qu'elle allait avoir du chagrin...

– J'en aurai davantage si mon Jules est malheureux !

Ça prenait des tournures de jugement de Salomon. Jules s'était rapproché et semblait attendre ma réponse.

Mal à l'aise, je dis à la jeune femme que, vraisemblablement, dans peu de temps, le chat reviendrait chez elle...

– Certainement pas ! cria-t-elle. Et si je reprends l'autre à le maltraiter je suis capable de... de... de tout !

Je cédai, honteuse et ravie. C'est là que je notai le numéro de téléphone de Jules 01 39 75 XX XX. Au cas où il serait malade, au cas où il voudrait la revoir...

Elle se leva, alla vers le chat, se pencha vers lui... il se raidit, inquiet.

– Vous voyez, dit-elle, il a peur de revenir à la maison !

– Mais pourquoi est-il venu chez moi ? demandai-je.

– Les chats savent tout, répondit-elle. Vous devez avoir bonne réputation.

Jules ne chercha pas à retourner chez lui. Je téléphonai une ou deux fois à sa maîtresse pour donner des nouvelles. Un jour, elle m'appela, ils allaient déménager. Elle vint embrasser son chat qui devenait officiellement le mien. Carnet de santé. Rappel de vaccins. Visite chez le docteur de P... Jules est le nouveau chat de « Coin-Perdu ».

Louis

« D'abord, c'est des sales bêtes ! »

J'avais choisi mon jour, le mercredi, pour descendre à pied à Villennes. C'était une petite balade d'une heure et tout en pente. Le soleil d'automne bienfaisant rendait la démarche légère et la pensée heureuse. J'allais revoir Tapenade et Pélardon, mais surtout Paul et Alice : voir comment ils s'en sortaient avec leurs chats. En pénétrant discrètement dans la grande pièce qui donne sur la terrasse au revers de la maison, je les vois tous les quatre installés sur le bois chaud, et devant eux la longue pente herbeuse qui descend jusqu'aux bords de la Seine. Alice tient son chat serré contre elle et l'embrasse fougueusement sur la tête, mais Tapenade cherche à s'affranchir de cette voracité affective. Paul joue avec Pélardon. Il donne à ses doigts l'apparence d'un petit bonhomme qu'il avance ou recule devant le jeune chat qui cherche à le saisir.

Par la porte-fenêtre entrouverte, j'entends leurs voix sans toujours capter le sens de leurs propos. Mais il est clair qu'ils avaient pris au sérieux leur rôle d'éducateur et qu'ils reproduisaient le comportement de leurs parents. Pour Alice il était même question de punition concernant Tapenade qui refusait d'obéir.

– Tu veux le mettre au coin ou le priver de dessert? ironise Paul.

– T'es bête!

– Et puis cesse de vouloir lui redresser la queue, ça lui fait mal, il finira par te griffer.

– Mais c'est pour son bien. Je ne veux pas que les autres chats se moquent de lui.

Paul hausse les épaules. Alice poursuit :

– Toi tu n'aimes pas ton chat. Moi j'aime le mien et je veux qu'il m'aime.

Et elle resserre son étreinte sur Tapenade.

– Bonjour les enfants!

Cris de joie. Embrassades. On m'avance un fauteuil. Tapenade en profite pour s'évader. Il n'ira pas loin. Il s'arrête au bout de la terrasse. Alice est dépitée.

– Ne t'inquiète pas, lui dis-je. Il reviendra.

– Tu crois?

– Oui. Mais ne l'écrase pas de tes caresses.

– Mais je l'aime!

– J'ai entendu. Mais même aux êtres qu'on aime, il faut laisser un espace de liberté.

– Tu aimes les chats, Grand-père? interroge Paul.

– Bien sûr que j'aime les chats!, et j'ai la sotte idée d'ajouter : J'en ai même mangé!

Cris d'horreur de part et d'autre.

– Tu as mangé du chat?

– Oui, mais je ne le savais pas.
– C'était pendant la guerre?
– Non, juste après.

Il a fallu que je raconte. À la fin de mon service militaire, je fus muté comme moniteur d'art dramatique dans une école d'enfants de troupe, mais quand j'arrivai c'était le moment des grandes vacances. Nous restions une poignée de moniteurs inoccupés. Alors, on lisait, on se promenait, on faisait du sport, et quelquefois on était de garde téléphonique à l'entrée de l'école.

Un jour, au repas de midi, dans le petit mess où nous déjeunions, le cuistot nous dit :

– Aujourd'hui, je vous ai fait du lapin : une gibelotte!

Au seul mot de gibelotte nous poussâmes des hurlements de bonheur, même moi qui n'étais guère porté sur le lapin. La gibelotte allait nous changer des conserves américaines qui faisaient le quotidien de notre alimentation. Aussi on se régala du plat plutôt chétif, il faut bien le dire, mais cuit avec des rutabagas attendris par une sauce absolument délicieuse.

– Je vois que vous vous êtes régalés, dit le cuistot épanoui. Vous voulez que je vous montre la peau du lapin?

– Non, non, inutile! Des peaux de lapin, on a tous vu ça.

Mais il ne nous écoute pas et revient avec la peau du lapin retournée.

Il nous fallut deux secondes pour voir que la peau du lapin avait une longue, longue queue.

– C'est un chat! cria quelqu'un. Tu nous as fait manger du chat, misérable!

Le cuistot s'enfuit, ravi, vers la cuisine sous des huées qu'il avait bien méritées.

Un silence suivit la fin de ce récit. Sur le visage des enfants on lisait la pitié et la réprobation.

Puis Paul se hasarda :

– Je n'ose plus te demander si tu aimes les chats, Grand-père.

– En dépit de ce que je t'ai raconté, oui, j'aime les chats, et je les respecte.

– Je te demande ça parce que j'ai des camarades qui ne les aiment pas du tout. Ils disent : « D'abord, c'est des sales bêtes! »

– J'ai déjà entendu ça. Ma grand-mère, par exemple, ne les aimait pas. Encore avait-elle des raisons.

Et je lui raconte l'histoire de mon grand-oncle étouffé dans son berceau par un chat à l'âge de six mois.

Paul fronce les sourcils.

– À six mois il ne pouvait pas être ton grand-oncle. Il ne te connaissait pas.

– Sans doute. Mais c'est quand même le frère de ma grand-mère. Comment l'appeler autrement?

Paul n'a pas l'air convaincu.

– Je ne sais pas... mais un grand-oncle de six mois, ça fait bizarre.

Alice intervient.

– C'est un petit grand-oncle, voilà tout. Il n'a jamais été une grande personne.

Elle ajoute :

– Quand est-ce qu'on devient une grande personne ?

– Quand on n'a plus de défauts, tranche Paul.

Et, se tournant vers moi, il affirme :

– Toi, Grand-père, tu n'as plus de défauts !

Je prends une grande respiration pour dissimuler mon embarras, je me compose une physionomie concentrée, puis je laisse tomber ces mots :

– Je vais te dire...

Mais je ne sais absolument pas ce que je vais pouvoir lui dire. Heureusement, Alice qui n'a pas la patience de son frère lance :

– Et du chien, Grand-père ? Tu as déjà mangé du chien ?

J'ai un tel mouvement de répulsion que je m'aperçois que je suis assis dans un rocking-chair et que c'est très agréable.

– C'est Maman ! C'est Maman !

Les enfants ont entendu un bruit de voiture. Ils disparaissent en courant dans la maison.

Je reste dans mon rocking avec les chats.

Je suis des yeux Tapenade, si drôle dans tous ses mouvements, avec sa petite queue qui finit en point d'exclamation.

– Quelle bonne surprise !

Fanny paraît sur la terrasse. Je me lève pour l'embrasser.

– Bien sûr, vous déjeunez avec nous.

Je n'ai pas le temps d'accepter qu'Alice apostrophe sa mère :

– Maman, tu savais que Grand-père avait mangé du chat ?

– Qu'est-ce que tu racontes ?

Fanny se tourne vers moi avec un regard incrédule et effrayé.

J'acquiesce.

– Je vous raconterai. Ce n'est pas une histoire à développer au moment de passer à table.

– Allez, les enfants ! On se lave les mains et on met le couvert. Avec une assiette pour Grand-père.

Puis elle se tourne vers moi :

– Peut-être du chateauneuf, si j'ai bonne mémoire.

Je lui dis que c'est le paradis, chez elle. Elle me sourit, réfléchit un instant, ouvre la bouche comme si elle allait me faire une confidence, puis s'arrête brusquement, les yeux fixés sur le bas de la propriété.

– Elle est encore là, celle-là !

Elle me raconte qu'il y a une renarde qui rôde de temps à autre.

– Elle doit avoir sa tanière en bord de Seine. Tenez ! Vous la voyez dans les hautes herbes au bas des arbres ?

Je distingue en effet une tache brun doré qui se déplace souplement.

– C'est pour les chats que je m'inquiète, dit-elle en entrant dans la maison.

Je pense que j'ai de la chance. J'ai peut-être mangé du chat mais jusqu'ici le Ciel m'a préservé de la vache enragée.

Frédérique

Deux jours plus tard, coup de fil de François.

Fanny vient de partir chez le vétérinaire avec Pélardon salement mordu à la patte.

La renarde, c'est sûr.

Heureusement, aucun risque de rage en ce moment.

Fanny emmène les enfants rendre visite à Pélardon, et c'est là que Paul et Alice découvrent ce que c'est que la douleur des bêtes.

Dans les cages où chats et chiens sont isolés les uns des autres, on rencontre la souffrance, la résignation, le courage et aussi l'espérance. Des yeux brillants de fièvre ou ternis par l'approche de la mort se tournent vers le petit garçon et la petite fille. De faibles miaulements, des jappements sourds, des pattes qui se tendent vers eux à travers les barreaux... Ils n'oublieront jamais cette visite.

Heureusement, Pélardon va mieux.

– Il nous a reconnus ! s'émerveille Alice.

Pour qu'il n'arrache pas son pansement, le docteur lui a mis une collerette. C'est ainsi que je le récupérerai quelques jours plus tard.

Il a l'air d'un mignon du roi !

Oui, je le récupère, ainsi que Tapenade, par crainte de la renarde.

C'est le début de la période « classes vertes » où les deux frères viendront souvent à « Coin-Perdu ».

Le problème, c'est de savoir comment va réagir Jules...

Très bien ! Ils s'amusent follement tous les trois. De classe verte en classe verte, ils se retrouvent toujours avec plaisir. Parfois Cévenole vient passer quelques jours avec eux et c'est la fête des chats.

Cévenole. Un des plus jolis visages de chatte que j'aie jamais vus. Je dis bien « visage » et non pas tête ou museau. Elle est ravissante. Maquillage permanent des yeux, de la bouche, exquise répartition des fards, dégradés du khôl, précision de l'eye-liner, mouche assassine, vivacité de l'œil, grâce des mouvements, intelligence.

Mais surtout, des quatre chats, c'est la plus intrépide. Parfois les minets la regardent, terrifiés par son audace, n'osant pas la suivre sur la branche ou le toit où la petite folle s'aventure.

Quand je monte écrire à la datcha, je siffle et les chats me suivent en gambadant sur ma montagnette. Ils sont très gais.

Fanny vient les voir et nous avoue que, maintenant, elle nourrit la renarde.

Oui, elle n'a pas pu résister aux cris déchirants de la renarde. Le glapissement du goupil est un son difficile à supporter.

– Elle a des petits..., explique Fanny qui s'arrête, nous regarde, sourit et lâche la confidence qu'elle a failli faire à Louis l'autre jour : J'attends un bébé, alors l'idée qu'elle ne peut pas nourrir les siens...

Cris de joie ! Louis descend à la cave chercher une bouteille ; il ne l'a pas encore ouverte qu'une voiture s'arrête devant la maison. C'est Nicolas et Dominique qu'on n'attendait pas.

– On a quelque chose à vous annoncer...

Un bébé ! Eux aussi ! Louis redescend à la cave chercher une autre bouteille. Les bouchons sautent, les verres s'entrechoquent... si on ne devient pas alcoolos avec tous ces bébés !

Victor et Alexandre sont nés à quelques semaines de distance au printemps 1996.

On ne savait pas encore à quel point ils allaient être divertissants, mais on avait confiance et on avait raison.

On s'est inquiétés pour la renarde, qui avait disparu. Heureusement, des amis nous la signalèrent dans une autre propriété en bord de Seine où elle menait une vraie java. Ça nous rassura.

Puis juillet arriva, les enfants partirent présenter leurs bébés aux grands-parents de Belgique et de Provence. On nous laissa Pélardon et Tapenade en classe verte, ainsi que l'audacieuse Cévenole.

L'été promettait d'être beau.

Louis

L'après-midi où…

Depuis l'enfance, et même encore aujourd'hui, il me semble que l'air qu'on respire le dimanche est différent de celui des autres jours. Il flotte dans les rues un supplément de jubilation. Les jours de fête ont le même privilège.

C'était l'après-midi du 14-Juillet. L'air était d'une immobilité absolue. Les guêpes elles-mêmes étaient au repos dans la surabondante et plus que centenaire glycine déployée sur nos têtes. Chaque année, à la saison creuse, je m'étonne que ces deux troncs tordus, archisecs, amaigris, rongés par les intempéries, puissent véhiculer la sève qui ramènera ce foisonnement de feuilles et de fleurs qui nous protègent du soleil. Tout est calme. Tout me semble en équilibre. Le monde est juste et beau. Que pourrait-il nous arriver?

Je devrais pourtant savoir qu'il n'y a pas de paix réelle, que la misère poursuit toujours son désolant travail, que la menace est permanente, que le destin ne désarme jamais, qu'il est toujours à l'affût, qu'il peut d'un instant à l'autre nous confronter à la simple contrariété ou nous plonger dans la tragédie, dans l'irréparable et l'irréversible. Mais l'air est si doux. De la terrasse où je suis, par-dessus la rue Sainte-Anne, invisible, j'entends passer des voitures de temps à autre, ou des cyclistes, je regarde les pentes variées du parc de l'ancien château de Bures, domaine habituel des écureuils, des piverts, des pigeons et, la nuit, de la chouette. Et je suis surpris de voir la chatte Cévenole, que Cathy nous a confiée une fois de plus, courir comme une folle sur les pelouses. D'habitude, elle ne pratique que le côté du Chemin Creux. Mais c'est peut-être dimanche pour elle aussi.

J'ai dû m'assoupir. Je suis réveillé par un coup de frein brutal, suivi d'une marche arrière endiablée, puis des portières qui claquent, des voix, tout cela en remontant vers l'endroit où le Chemin Creux se jette dans la rue Sainte-Anne. J'essaie de rattraper mon rêve quand on sonne à la porte du Chemin Creux. C'est mon voisin d'en face.

– Il y a un monsieur qui porte un chat écrasé, est-ce qu'il ne serait pas à vous, par hasard ?

Au premier coup d'œil je reconnais Cévenole, pantelante. Le temps que je fasse deux pas, elle s'arrache des bras de l'homme, tombe lourdement et rampe sous une grosse et longue voiture stationnée le long du mur de notre maison.

Ce que je vois et que je n'ai pas pu oublier, m'ôte tout espoir. Je me colle au sol, j'ai beau allonger le bras, je ne peux l'atteindre. Et puis, est-ce bien utile de la déplacer ? On peut aggraver le mal. Je sais que je vais être témoin de la fin d'une existence, c'est-à-dire d'un trépas, instant auquel je n'ai jamais assisté et dont je m'effraie. Tout l'arrière-train est déjà inerte. L'espérance ne réside plus que dans la respiration, suprême appel d'air, râle poignant.

Son frère, le noir Tapenade, s'est glissé sous la voiture. Il vient lécher un moment le poil de l'agonisante, puis il se retire. Pourquoi est-ce que je ne fais pas la même chose ? Est-ce que je pense qu'en me retirant sa vie va cesser ?

Je me souviens alors de notre tant aimée et irremplaçable Irène Munier, elle qui nous a trouvé notre maison, chère Irina Stepanovna que j'ai visitée au matin de son dernier jour. Elle nous avait déjà quittés, mais l'organisme, lui, refusait son consentement. Il maintenait ce halètement qui appelait l'air à chaque seconde et qui, vivant encore d'espoir, mobilisait les dernières ressources de l'être. Et moi, à ce spectacle insupportable, je m'effrayais d'assister à son trépas, à l'instant où les forces du souffle seraient épuisées, la livrant à l'Inconnu, et nous laissant avec le Mystère. Car c'est la Vie qui est le Mystère.

Je me relevai enfin, le cou paralysé, la démarche incertaine, pensant qu'il me restait à annoncer à Catherine la mort de sa compagne.

Frédérique

Le paisible Chemin Creux est maintenant plein d'allées et venues. Des gens que nous ne connaissons pas mais qui, eux, semblent parfaitement connaître Cévenole se retrouvent devant la grosse voiture où la chatte s'est retirée pour mourir.

Et moi je manque de courage, je n'ose pas aller chercher le petit corps... je pense à ma fille, à son chagrin...

C'est alors qu'arrive une jolie femme blonde que j'appellerai Françoise des Chats si vous le voulez bien. Elle a un nom, bien sûr, elle est même journaliste et c'est dans son métier qu'elle a fait amitié avec Catherine qui est Directrice de la communication du groupe Marie-Claire. Françoise est suivie par Le Neveu, Figaro, Tigrette, Roudoudou, La Gitane et Schubert dit Bébert, qui vivent chez elle à trois maisons de la nôtre. Je saurai les noms plus tard.

Pélardon et Jules ont rejoint Tapenade et regardent...

Françoise, toute mince, se glisse sous la voiture, disparaît à moitié puis revient en tenant la chatte dans ses mains. Le silence s'est fait.

Françoise dit : « Elle est vivante ! »

Les gens applaudissent, les chats se sauvent en courant, Louis me serre contre lui.

Cévenole a été transportée à Saint-Germain-en-Laye, à la clinique du docteur L... par Maria et Antonio. C'est le docteur et sa femme qui l'ont opérée. Et sauvée.

Le 14 juillet 1996.

Quand je la regarde près de quinze ans après, je me demande encore comment ce fut possible... Des heures sur la table d'opération...

Certains pensent : « Tout ça pour un chat? Que de temps perdu! »

« ... *Voici mon secret, dit le renard. Il est très simple : on ne voit bien qu'avec le cœur. L'essentiel est invisible pour les yeux.*

— *L'essentiel est invisible pour les yeux, répéta le petit prince, afin de se souvenir.*

— *C'est le temps que tu as perdu pour ta rose qui fait ta rose si importante.* »

Merci, Monsieur de Saint-Exupéry, vous ne vous en souvenez peut-être pas, mais vous m'avez connue à Versailles, chez le Roy, avant la guerre qui nous priva si cruellement de vous. Je n'étais pas plus grande que le petit prince, en ce temps-là; je suis maintenant beaucoup plus vieille que vous mais je vous porte toujours dans mon cœur.

La queue de Cévenole avait été brisée à la base lors de l'accident. Le docteur L... avait dû la couper. Cévenole était devenue un chat de l'île de Man, ces fameux chats qui naissent sans queue. Mais elle n'était pas née comme ça, elle. Les premiers temps furent terribles. Pour elle comme pour Catherine. Parfois je me suis demandé si nous n'aurions pas mieux fait de... Mais le spectacle de la petite bête courageuse m'ôtait l'envie de finir ma phrase. Et puis j'admirais la force de caractère de notre fille. Aller au bout des choses, accomplir ce qui doit être accompli, ne pas céder devant les difficultés et l'adversité.

Pendant ses premières années de chatte sans queue, Cévenole fut parfois bien près de passer de l'autre côté. Elle avait des crises de pyélonéphrite qui lui faisaient pousser des hurlements de douleur. Pire, des hululements.

Que faire?

Refusant de la soigner, un vétérinaire dit un jour à Catherine, en lui rendant la chatte :

– Cette bête est déjà morte.

Mais Catherine ne veut pas le croire.

Elle a alors la chance de rencontrer le docteur S. V. G... qui lui déclare :

– La petite bête veut vivre, on va la sauver.

Elles se battront ensemble.

La vie de Catherine va changer.

Plus de sorties, de soirées avec les copains. Elle reste chez elle.

Et se met à écrire son premier roman sous l'œil fardé de la chatte. Maquillage permanent des yeux, de la bouche... précision de l'eye-liner...

La chatte dort sur la table de travail, couchée sur les papiers, une patte glissée entre deux pages du dictionnaire.

Il y a eu des rechutes.

Mais Cévenole est toujours là !

Ravissante.

Elles ont gagné.

Frédérique

Le Nouveau Monde

On sentait venir les choses depuis la sortie de *Comme des Rois*, le premier long métrage de François.

De festival en festival, il avait suivi son film autour du monde, fait un long séjour à Los Angeles, puis on avait entendu parler de contacts, de projets, de propositions, de rendez-vous…

Et le jour arriva, le jour où François, Fanny, Paul, Alice et le petit Victor s'en allèrent vers le Nouveau Monde.

Pas pour un mois, six mois, ou même un an… Non : pour y vivre.

Ils avaient vendu leur maison de Villennes. François en avait trouvé une là-bas, sur Sunset Boulevard, leurs meubles avaient traversé l'Océan, ils allaient partir.

J'avais beau me dire que je mettrais moins d'heures pour aller les voir en Californie que Mme de Sévigné ne mettait de jours pour aller voir sa fille à Grignan, ça ne me consolait pas.

Le jour du départ, nous étions tous réunis à « Coin-Perdu », les parents de Fanny, sa sœur, Catherine, Nicolas, Dominique, le petit Alexandre...

Et nous.

Cinq voitures chargées de valises, cinq voitures prêtes à démarrer.

Alice et Paul avaient troublé leurs chats en les couvrant de pleurs et de baisers. Il n'était pas question de les emmener sur une terre inconnue, on verrait plus tard.

Les chats regardèrent les cinq voitures démarrer.

Ils s'étaient assis devant la maison aux volets fermés, Jules, Pélardon et Tapenade. Désolés.

La joie qu'ils manifestèrent, le soir, en nous voyant, Louis et moi, revenir de Roissy, nous prouva qu'ils avaient eu peur d'être abandonnés.

Pensif, Jules semblait réfléchir.

Il réfléchit deux jours... puis il s'en alla pour s'installer trois maisons plus loin, chez Françoise des Chats. Il avait compris que le temps des classes vertes était fini et que Pélardon et Tapenade, ses copains de passage, étaient devenus résidents permanents.

Oh ! il ne m'abandonna pas !

Il venait souvent me voir, comme une vieille maîtresse pour qui on a toujours des sentiments. Il passait même de temps en temps une nuit à la maison. Mais il n'était plus mon chat.

Il s'était incliné devant Pélardon et Tapenade. Désormais ils étaient seuls et allaient régner sur « Coin-Perdu ».

Les frères savaient qu'une nouvelle vie venait de commencer pour eux.

Les différences de leurs caractères qui nous avaient échappé quand ils n'étaient pas encore **nos** chats nous sautèrent tout de suite aux yeux.

Tapenade avait un désir de domination. Un peu macho pour un chat coupé... Quand il me regardait j'avais envie, parfois, de me cacher derrière le voile de la princesse au hibou. Marcel Arland a dit qu'il n'aurait jamais osé se mettre nu devant son chat Néron. Je comprends cette pudeur. Pudeur devant l'inconnu, l'inexpliqué, le mystère...

Mes rapports avec Pélardon étaient très différents. Pélardon est un chat d'écrivain. Un chat écrivain. Il trouva de lui-même sa place sur ma table de travail, comme s'il s'y était préparé longtemps à l'avance, comme s'il avait fait des études pour ça. Jamais son frère ne vint le rejoindre ou le remplacer au milieu des papiers, des stylos et de tout ce fatras qui accompagne l'écriture.

Il est vrai que j'écris à la main, comme un moine copiste d'avant l'invention de l'imprimerie, et que le bruit et l'odeur des feuilles sont un vrai bonheur pour un chat. Alors, de temps en temps, Pélardon se lève et m'embrasse pour me remercier, ce qui m'empêche de travailler pendant un bon moment mais prouve que ce chat a du cœur.

Nos Américains avaient trouvé leurs marques sur Sunset Boulevard. Et les enfants s'étaient bien intégrés au Lycée Français.

Ils demandaient régulièrement des nouvelles de leurs chats, ils leur manquaient. Mais ils reconnaissaient qu'ils avaient bien fait de ne pas les emmener avec eux, l'épisode du daim en fut la triste preuve.

Un matin, ils avaient eu la surprise de ne plus trouver de roses dans leur jardin. Mais seulement à un certain niveau. Les très hautes et les très basses étaient toujours là. Que s'était-il passé pendant la nuit ?

Eh bien, un daim, beau comme s'il sortait de la main même de Walt Disney, un daim s'était introduit chez eux. Il était en train de nettoyer le dernier rosier, à son niveau, sans se baisser, sans se hausser, très calme.

D'où venait-il ? À qui appartenait-il ? Que faire ? Qui prévenir ?

Avant même d'avoir pu alerter un centre de protection des animaux, ils virent la jolie bête quitter tranquillement le jardin puis, en quelques bonds, gagner Sunset Boulevard...

Hélas, elle ne fit que quelques mètres.

Bruit violent d'un coup de freins, fracas, cris et klaxons... ils n'ont rien vu, la circulation reprend, les enfants pleurent.

Le pauvre Bambi est mort.

Sur mon bureau Pélardon dort entre deux chapitres, Tapenade dort dans un fauteuil, des cavaliers passent dans le Chemin Creux, bruit de sabots, les chats lèvent la tête et se rendorment, paisibles.

Tout est calme.

Pauvre Bambi.

Louis

Territoire et droits du chat
Les monstres

La pièce que j'appelle mon bureau occupe presque tout le deuxième étage de notre maison. Il s'y trouve deux grandes fenêtres, l'une donnant sur les frondaisons de Val Joli, et l'autre sur celles de l'ancien château de Bures, si bien que je peux avoir le soleil (s'il y en a) du matin jusqu'au soir. La grande charpente du toit en commande l'aménagement, mais il y a quand même place pour mon bureau (meuble), deux tables, un lit, des étagères tout autour, des tableaux ou des photos au mur, des livres et des livres, et d'innombrables DVD fournis par KOBA Films, bien sûr. Les bruits de la rue, les bruits de la maison sont très atténués. C'est l'endroit idéal pour se recueillir, pour lire, écrire, répéter... ou ne rien faire. La porte du palier reste toujours ouverte, les chats peuvent y entrer à loisir, il n'y a jamais eu de problèmes. Jusqu'à l'arrivée de Tapenade, qui a décidé que cette pièce serait son territoire et que son frère Pélardon n'aurait pas le droit d'y pénétrer.

Au début, je n'y prêtais guère attention. Je pensais qu'il s'agissait d'un jeu. Il se trouve parfois que Pélardon arrive le premier et se pose sur l'espace plat qui est devant la fenêtre pour profiter des agréments du soleil. Tapenade ne s'aperçoit pas toujours que Pélardon est déjà là. Il gagne alors sa fenêtre préférée. Un peu plus tard, pour une raison ou une autre, il prend conscience de la présence de Pélardon. D'abord il n'en croit pas ses yeux : Pélardon devrait bien savoir qu'il n'a pas le droit d'être dans cette pièce. Avec l'air du monsieur qui pense : « Combien de fois faudra-t-il le lui répéter ! », il quitte sa fenêtre, traverse la pièce, saute auprès de Pélardon et commence à vouloir le déloger. Pélardon résiste un moment de tout son poids, mais quand il se rend compte qu'il risque de se retrouver par terre, il saute de lui-même et gagne logiquement la fenêtre que Tapenade vient de quitter. Alors celui-ci, avec une mauvaise humeur croissante, regagne la fenêtre qu'occupe Pélardon et recommence le même manège. Pélardon saute alors sur la table de l'ordinateur où Tapenade le poursuit. Cette fois je me déplace et viens dire à Tapenade ce que je pense de sa conduite et, d'une voix menaçante, je lui ordonne de laisser son frère tranquille, puis je le pose par terre. Je n'étais pas de retour à mon travail qu'il avait sauté sur la table et repris les hostilités que Pélardon accueille avec une philosophie qui accroissait encore l'acharnement de son frère, si bien que j'empoignai sans ménagement Tapenade, l'expédiai sur le palier et fermai la porte. Je consolai Pélardon qui n'avait pas l'air tellement affecté, puis tentai de reprendre mon travail.

Je pensais aux effroyables combats de chats auxquels j'avais pu assister quand nous séjournions au Petit Palais. Frédérique, plus haut, a déjà évoqué ces monstres.

Pour travailler plus tranquille, je m'étais retiré dans le grand salon à l'intérieur duquel on aurait pu loger sans problème un court de tennis. Le recueillement de cet endroit n'était légèrement troublé, deux fois par jour, qu'à l'heure des repas, lorsque la très vieille grand-tante de Frédérique quittait sa chambre située à l'extrémité de l'appartement pour se rendre à la salle à manger. Appuyée sur sa canne, marchant à petits pas, la cérémonie durait bien deux ou trois minutes.

J'avais glissé une table sur un étroit balconnet auquel on accédait par un petit escalier qui nous mettait à niveau avec les chenaux qui couraient tout au long de l'édifice. C'était là le domaine de ces monstres venus on ne savait d'où et vivant on ne savait comment. Quelles nourritures avaient pu les rendre si forts ? Quelles étaient leurs règles de vie ? On les voyait parfois déambuler gravement le long des fenêtres. Et parfois se croiser. Et parfois s'affronter. Mais les combats ne s'engageaient pas tout de suite. Il y avait d'abord une sorte de parade. Ils s'avançaient lentement l'un vers l'autre, roulant de tous leurs muscles comme des loubards décidés à en découdre, la casquette sur le coin de l'œil, la clope au bec, l'œil planté dans l'œil de l'autre. Ils se croisaient parfois en grondant sourdement. L'un passe, l'autre le suit des yeux puis du corps pour ne pas être pris à revers. Les grondements se font à la fois plus sourds, plus longs et plus profonds. De l'autre côté de la vitre, je suis tendu et fasciné. D'un instant à l'autre ces deux charges de dynamite vont exploser. D'où viendra l'étincelle qui ouvrira le combat qui sera tout de suite à son apogée ? Le plus fort de l'assaut aura lieu en l'air ; oui, c'est en l'air qu'ils s'élancent et s'étreignent, agrippés l'un à l'autre, et ne retrouvent le sol que deux ou trois secondes plus tard. Je n'en croyais pas mes yeux. Dans quelles profondeurs peuvent-ils trouver ces cris de rage qui me terrorisent de l'autre côté de la vitre. Et au-dessus de la rage, tout à coup un hurlement de douleur déchire l'air. L'un des adversaires vient d'être profondément touché. Il se retire en gémissant, il n'y a pas de poursuite, le vainqueur demeure sur place en terrain conquis. Le plus souvent il commence à se lécher et parfois s'arrête. Il a pris conscience de ma présence, son regard me fait apprécier la vitre qui nous sépare, et après un instant de suspens il reprend son travail de cautérisation salivaire. Il y a un peu de sang sur la vitre, que les pluies feront disparaître.

Je n'ai retrouvé ce paroxysme qu'une fois, à Bures, chez moi. Je préparais le thé, j'avais posé la petite casserole sur une plaque de la cuisinière. J'entends du bruit, je me retourne et vois un chat qui entre dans la cuisine venant de l'intérieur de la maison. Un chat inconnu, de couleur orange, qui miaulait de façon inquiétante. Je voulus le chasser, de la voix d'abord, puis je sortis un balai, ce qui était une erreur. Il bondit sur la table pour sauter sur moi, je n'eus que le temps de franchir et de refermer la porte vitrée par laquelle il était entré. Il se jeta sur la vitre avec des cris d'épouvante. Il cherchait une issue. Il se jeta sur la porte-fenêtre du jardin, sur la fenêtre au-dessus de l'évier, et là, il retomba sur la casserole d'eau bouillante et la plaque rougie. Alors, à la panique, s'est ajoutée la douleur. Il devint fou, parvenant à grimper le long des murs presque jusqu'au plafond.

J'étais sidéré et affolé.

Finalement, je passai par la terrasse puis, me coulant le long des murs, je me dirigeai vers la porte-fenêtre de la cuisine en priant pour qu'elle ne fût pas fermée à clef. Elle ne l'était pas. Le chat jaillit sous forme d'une fusée orange, passa devant moi et se jeta du haut de la terrasse trois mètres plus bas sur la pelouse du jardin, puis il disparut derrière les bambous.

Frédérique

Les gens heureux n'ont pas d'histoire?

Bébé en vue!

Dominique et Nicolas attendent un autre bébé!

Ce sera une petite fille!

On se remet à boire, bien sûr! De nouveau les verres s'entrechoquent, les questions pleuvent :

– Comment s'appellera-t-elle?...

– Vous n'avez pas encore choisi?...

– Quand doit-elle arriver?...

– Comment vas-tu, Dominique?...

Bien, bien, bien! Tout va bien!

Que dire encore? Rien, puisque les gens heureux n'ont pas d'histoire...

Croyez-vous?

On l'a su très vite.

Dominique avait contracté une toxoplasmose.

Une quoi?

Le *Petit Larousse* nous renseigna sans ménagement :

Toxoplasmose, n.f. : Parasitose due à un protozoaire, *Toxoplasma gondii* (c'est une infection bénigne, sauf chez la femme enceinte, car elle peut entraîner une embryopathie ou une fœtopathie).

J'ai compris, le bébé est en danger. J'ai compris mais je veux en savoir plus. Je me jette sur le Flammarion Médical du Professeur Leporrier et je lis :

« La contamination humaine résulte soit de l'ingestion de viande parasitée par des kystes toxoplasmiques, soit de contacts directs avec les chats. »

Les chats !

Ce sont nos chats qui ont contaminé Dominique. L'obstétricien a été très clair : le bébé risque d'être aveugle. Ou mongolien. Ou les deux.

Fœtopathie, n.f. : maladie du fœtus.

Embryopathie, n.f. : maladie de l'embryon (beaucoup de malformations congénitales sont dues à des embryopathies).

Les chats !

Devons-nous nous en séparer? Les faire adopter loin de nous?

Non. Le mal est fait. Il est trop tard, a dit le médecin. Il a dit aussi que Dominique devait prendre une décision.

Une décision?

Oui, dire si elle veut garder le bébé ou...

Mon Dieu !

Pour l'enfant unique que je suis, la découverte du fonctionnement d'une famille est une véritable révélation.

Ce qui arrive de bien à l'un de nous, ou ce qui lui arrive de mal, nous arrive à tous.

Je pense à Mme de Sévigné disant à sa fille souffrante : « J'ai mal à votre poitrine. »

Nous avons tous mal au cœur de Dominique et de Nicolas, nous avons tous mal pour un petit enfant qui, peut-être, ne verra pas le jour.

Et c'est la faute de nos chats.

Dominique a choisi de garder son bébé.

Il faut dire que nos trois filles – celle que nous avons faite et les deux qui nous ont été cousues par le fil d'or –, nos trois filles ont de sacrées natures. Minces, gracieuses, délicieuses, elles peuvent même avoir l'air légères, mais elles en remontreraient aux fortes femmes célébrées dans la Bible.

Nous n'avons jamais vu pleurer Dominique.

Nous avons souvent pleuré en pensant à elle. Tremblé aussi. Prié.

Et le 10 septembre 1999, Anaïs est née.

À la naissance de chacun de nos petits-enfants j'avais écrit un compliment de bienvenue.

Ça se faisait dans les jours, dans la semaine qui suivait leur naissance.

Pour Anaïs, je n'y arrivais pas.

J'avais eu trop peur.

J'avais encore trop peur.

Peur de la voir s'envoler.

Peur de découvrir les dégâts que mes chats avaient pu faire en elle...

Et puis un jour, je la regardais dormir dans son berceau, un jour je n'ai plus eu peur et j'ai osé lui dire merci d'être avec nous.

Chère petite Anaïs,

Tu es née le 10 septembre 1999 et je ne te donne ces lignes de bienvenue que le 25 décembre de la même année... Crois bien, petite fleur, que j'ai été la première à m'étonner de ce retard !

Je sais maintenant pourquoi je n'ai pu prendre la plume qu'en ce jour de Noël pour saluer ton arrivée : j'ai été ensorcelée !

Un charme a frappé mon imagination comme la baguette d'une fée frappa la princesse Aurore et sa cour et les fit dormir cent ans. Il ne s'agissait pas de rester coite cent ans, et le charme ne touchait mes pensées que quand elles allaient vers toi, mais j'avais eu trop peur. L'idée que mes chats avaient pu te faire du mal me rendait sotte. Je restais la plume en l'air, l'œil rond, la bouche ouverte... muette.

Et puis tu es venue !

Seules les princesses ont le droit de régner sur les contes et de faire oublier à ceux qui les aiment les épreuves qu'elles ont dû franchir, une par une, pour aller jusqu'à un heureux dénouement.

Endormies par une piqûre, engoncées sous une peau d'âne, saupoudrées de cendres, livrées à un macho à poils bleus ou amoureuses d'une Bête aux griffes de lion, elles font battre notre cœur avant de nous rassurer par un sourire.

Le tien vaut son pesant de bonheur, et je voudrais te donner le monde pour te remercier... mais je ne peux pas ! Il est à toi, le monde ! Alors on va essayer de te le raconter au fil du temps, ce temps avec qui tu commences très bien puisque, dans quelques jours, tu pourras dire :

« J'ai déjà connu deux siècles ! »

BABOUCHKA

Au fait, vous la connaissez, Anaïs ! C'est la petite fille qui regarde le chat sur la couverture de ce livre.

Elle les a tout de suite aimés, les chats.

Et les chats l'ont tout de suite aimée.

Et les chats ne lui avaient fait aucun mal.

Merci, Dominique, de l'avoir deviné.

Avons-nous eu besoin de préparer Anaïs à leur commerce ? Avons-nous eu besoin de lui dire :

« Pas-le-doigt-dans-les-yeux-pas-tirer-les-moustaches-du-minou-pas-caresser-à-rebrousse-poil-pas-crier-pas-les-embêter-quand-ils-mangent-pas-chercher-à-les-obliger-à... »

À quoi ?

À quoi que ce soit !

Non. Inutile. Elle savait.

Frédérique

L'autre Louis

Louis, le mien, fit la connaissance de Louis, le Nucéra, en 1957.

C'était à Nice, au cours d'une tournée, et c'est Pascale Roberts qui les présenta l'un à l'autre. Nucéra était journaliste et déjà écrivain. Je ne devais le connaître, moi, que des années plus tard, quand il vint s'installer à Paris.

Lui aussi aimait les chats, et d'une façon plus militante, plus visible que la nôtre. Il écrivit très tôt sur eux. Il nous fit aussi découvrir Raymond Moretti et s'inscrivit pour toujours dans une constellation d'amis plus ou moins proches dans la galaxie des cœurs. Kessel, Sigaux, les Druon, Brassens... Brassens qu'il amena un soir à « Coin-Perdu », car mon père et lui désiraient se rencontrer.

Merveilleuse soirée provençale en *lengo nostro*, bœuf en daube bien noir, comme jadis chez Mémé, chateauneuf-du-pape dans les verres marqués de la tiare, et Tybert qui est là, n'en perd pas une miette et enregistre tout avec l'air de pas y toucher.

Autre merveilleuse soirée, celle-là pendant le règne de Chantier. Les Nucéra sont venus avec la grand-mère. Ils plaisent tout de suite à Chantier. Particulièrement la belle Suzanne.

Et puis, quand on se lève pour quitter le petit salon et gagner la salle à manger, c'est le drame : Suzanne marche sur la queue de Chantier. Talon aiguille. Cri de douleur. Et les voilà toutes deux, nez à nez sur le tapis, et c'est la petite chatte qui console la grande fille en pleurs.

Nous, on regarde ce dialogue sans phrases, si beau, si parfait...

– Elle SAIT que Suzanne n'a pas voulu lui faire de mal. Les chats savent toujours tout, dit Nucéra en s'agenouillant lui aussi sur le tapis pour regarder les dégâts sur la queue de Chantier.

Minimes.

Louis et moi les avons rejoints à quatre pattes, la grand-mère a éclaté de rire, la chatte aussi, ravie de voir cette cour autour d'elle. Puis, avec une dernière caresse à Suzanne, elle s'est levée et est passée la première dans la galerie pour indiquer la route de la salle à manger aux invités, parce que c'est une chatte qui sait recevoir.

Doux souvenirs d'amitié... comme ce jour où Nucéra m'a donné le bon point. Le bon point que j'ai toujours dans mon portefeuille entre la photo de Tybert et ma carte Vitale.

Louis Nucéra *vous décerne*

1 BON POINT

pour votre apport à

LA GRANDE AVENTURE HUMAINE

Quand me l'as-tu donné, camarade? Je me souviens que c'était pendant un Salon du livre. Mais lequel? Brive? Nice? Limoges?

Comme il est triste le jour où l'on ne peut plus poser la question...

Heureusement je garde un souvenir sans faille de Montmorillon.

Et nous sommes trois à nous souvenir des jours bénis que nous y partageâmes avec toi. Trois. Louis et moi, mais aussi Cathy qui signait là son premier roman, *La Vallée des mensonges*, les gènes de l'écriture se transmettant dans la famille comme une maladie héréditaire, merci, mon Dieu.

Nous sommes trois à nous souvenir des jours bénis de Montmorillon... plus exactement des nuits, car, le jour, sur nos stands, nous dédicacions nos livres. Mais la nuit! La nuit nous nous retrouvions comme dans un conte de fées, et cela n'avait rien d'étonnant puisque Régine Deforges, fée marraine de Montmorillon, touche de sa baguette tout ce qui se passe en ces lieux.

Nous habitions, ainsi que Louis Nucéra et Alphonse Boudard, dans un petit château exquis au milieu d'un parc délicieux. Plus français que ça, tu meurs ! Normal, les propriétaires étaient anglais. Tombés amoureux de notre pays, de notre ciel, de notre herbe, de notre littérature... de nos vins ! Ils nous reçurent comme des princes et personne ne se coucha avant 3 heures du matin pendant notre séjour chez eux.

Nos verres ne restaient jamais vides, et nos rires ravissaient un gros chat toujours présent.

– Il note tout, le greffier ! disait Alphonse.

Et il poursuivait, s'adressant plus directement au gros chat qu'à nous :

– J'ai connu en cellule des gens qui arrivaient à avoir des chats... Moi, j'y ai dressé une souris. C'est très facile, tu sais.

On riait. On s'attendrissait aussi, comme la nuit où Cathy leur raconta que c'était Cévenole qui, par son courage après son accident, l'avait poussée à écrire. On levait nos verres à la santé de Cévenole, à la mémoire de Tybert, à celle de Fang et Luigi, qui furent les compagnons de Nucéra.

Je leur racontai ma rencontre avec le chat savant du Cirque de Moscou. C'était à Toulouse, au cours d'une émission de télévision où je présentais un livre... le chat avait la loge voisine de la mienne. Son sérieux, son professionnalisme étaient effrayants. Je n'ai pas osé lui parler. Encore moins le toucher. Tovaritch le chat ne pensait qu'à son travail, n'avait d'yeux que pour son maître. Toute petite, mon père m'avait dit : « Ne parle jamais la première à un chien de berger que tu rencontres sur le Causse. Respecte son métier. Ne viens pas le troubler et, surtout, ne touche jamais un de ses agneaux ! »

– André avait raison pour le chien et les agneaux, dit Nucéra. Mais quelle idée de dresser un chat ? Un chat Polichinelle ? Un chat savant ? Pourquoi pas un chat accordéoniste ?

Nos hôtes remontaient des merveilles de leur cave. On était bien. On parlait vélo. Nucéra disait :

– J'ai des amis qui disent : « Nucéra c'est un chat sur un vélo ! »

On riait encore. Plus fort.

On ne pouvait pas savoir, on n'était pas des chats, nous...

Au moment de se séparer, on avait dit qu'on laissait passer l'été, puis qu'on se ferait à la rentrée une grande fête à « Coin-Perdu ». On ne voulait pas perdre le contact... mais le temps passa, chargé de travail.

Alphonse Boudard est mort le 14 janvier 2000. On s'est retrouvés à Montmorillon pour l'inauguration d'un square à sa mémoire. On a juré qu'après l'été...

9 août 2000.

Le facteur vient de passer aux Bressous. Il fait un temps superbe, la montagne est en beauté, le ciel d'un bleu théologique, l'Hérault chante dans la vallée.

J'arrive sur la terrasse et je vois Louis, le journal à la main. Il me tourne le dos. Je dis :

– Quelle journée magnifique !

Il ne me répond pas, immobile. Je m'approche de lui, curieuse, pas encore inquiète, mais quand je vois qu'il pleure, je comprends que quelque chose d'horrible vient d'arriver.

De nous arriver.

Un chauffard a renversé Louis Nucéra qui roulait à vélo dans les environs de Nice…

Le chat sur un vélo est mort.

Frédérique

Les Belles-Ondrades et le chien-chat

Sophie était en deuil et ne mangeait plus.

Sophie portait bien son nom. Elle était la sagesse même. Enfant de la SPA, opérée très tôt, elle n'avait jamais mis de petits au monde. Nos amies, les Belles-Ondrades, Georgette, la mère, et Annie, la fille, pleuraient avec elle la mort du siamois qui avait, en tout bien tout honneur, mais avec tendresse et fidélité, partagé la vie de Sophie pendant quatre années.

Georgette avait peur d'adopter un nouveau chat. Elle s'était mis dans l'idée qu'elle leur portait malheur, mais le désespoir de Sophie la désolait.

– Adoptez un chien ! suggéra le vétérinaire.

Un chien? Avec Sophie? Jamais elle ne supporterait l'ennemi héréditaire dans sa maison !

– Adoptez un chien, s'entêta le vétérinaire. Pas un saint-bernard ou un labrador adulte, évidemment ! Non, un bébé. Un bébé teckel à poil dur, c'est une race de chiens qui s'entend très bien avec les chats. En principe, ajouta-t-il honnêtement.

Absolument terrifiées, elles obéirent au vétérinaire et un jour, le cœur battant, elles revinrent chez elles avec une petite boule de poils qui tenait à peine sur ses pattes.

Aldo.

Sophie le vit et frémit de tout son corps.

L'instant était décisif et entre les mains de la chatte si je puis dire.

Aldo, lui aussi, regarda Sophie puis il dit quelque chose d'émouvant qu'on pouvait traduire par : « Maman ! »

Et ce doit être ce qu'elle entendit car elle sortit de sa corbeille, alla vers le petit être, le saisit délicatement par le cou comme toute maman chat le fait, le ramena dans la corbeille et se mit à le débarbouiller d'une langue experte et drue.

Aldo était adopté.

Et Sophie, grâce à un chien, venait de découvrir les joies de la maternité.

Elle veilla sur lui, sévère et implacable, ne lui passant aucun caprice, inflexible sur la tenue et l'éducation, jusqu'au jour où elle ferma ses beaux yeux, le laissant orphelin et inconsolable.

Et persuadé pour l'éternité qu'il était un chat.

Je ne vous dis pas les mésaventures que cette erreur d'état civil devait lui valoir. Il se trouvait dans la même situation que les petites brebis qui se croient chèvres parce qu'une chèvre fut leur nourrice. Comme les patous, ces grands chiens blancs qui naissent dans la bergerie et sont persuadés qu'ils font partie du troupeau. Ce qui ne les empêche pas de courir sus au loup s'il vient attaquer celles qu'ils prennent pour leurs petites sœurs.

Aldo aimait les chats comme on aime les siens. Il bondissait de joie quand il en croisait un et se prenait alors un coup de patte, de griffe, une injure bien crachée... Pauvre Aldo, il était triste mais ne se décourageait pas, il espérait toujours rencontrer celui qui le comprendrait.

Il avait raison.

Et un jour, il rencontra Pélardon.

– Mon Dieu, le chat ! dit Georgette.

Mais elle n'avait pas fini cette courte phrase que le chien et le chat s'embrassaient déjà.

Nous étions saisis de stupeur car Pélardon avait récemment insulté un dalmatien, mis en fuite un caniche et griffé un berger malinois de nos amis.

Mais Aldo, c'était pas un chien, c'était Aldo, le chien-chat de Sophie.

Le comportement de son frère avec Aldo avait scandalisé Tapenade.

Enfin ! j'appelle un chat, un chat ! et Aldo, un fripon !

Aucune tendance d'ouverture à l'Autre chez Tapenade.

Il supportait les visites de sa sœur parce que c'était sa sœur, mais s'il y en avait une qu'il ne pouvait pas voir, c'était bien la dernière trouvaille de Catherine.

Crumble.

Conférence de presse dans un endroit branché du bois de Boulogne.

People. Élégance. Raffinement.

Catherine vient de reprendre son vestiaire et s'attarde sur le seuil. Il fait beau...

– Qu'est-ce qu'on entend ? demande-t-elle au voiturier en lui tendant ses clefs.

– Ça, Madame, ce sont des gens qui ont encore dû jeter des petits chats...

– Quoi ?

Une horreur. Tout près des corbeilles de fleurs, à deux pas de la belle entrée, derrière une haie de fusains, il y a un trou à glaise. Et, dans ce trou à glaise qui va se refermer sur un cri minuscule, elle ramasse une petite bête tricolore, de ces chats qui sont toujours des chattes et qu'on appelle « écaille de tortue »...

315 grammes, vermine comprise, qui tiennent dans le creux de sa main.

Le docteur S. V. G... va la ramener à la vie, la soigner, la réhydrater.

Quand elle la voit arriver, Cévenole, tout de suite prête à l'aimer, décide d'adopter la petite rescapée.

Seulement, voilà : le problème c'est que Crumble est comme les oies du Professeur Lorenz. Elle croit que Catherine est sa mère, donc qu'elle est sa fille. Donc qu'elle est UNE FILLE. Elle adore le genre humain. Évidemment puisqu'elle en fait partie !

Par contre, elle déteste les chats. Elle les hait, elle les exècre, à commencer par Cévenole qui la traite comme un bébé ! De quoi je me mêle ! Sale bête !

Ça ne s'est pas arrangé avec le temps.

Crumble est encore venue la semaine dernière et, comme chaque fois qu'elle le voit, elle a dit :

– T'es moche ! à Pélardon.

Qui s'en fout.

Frédérique

Lussac-les-Châteaux

Il n'y a pas que Louis qui quitte parfois « Coin-Perdu » pour cause de travail.

Je suis partie, pour cause d'écriture, à 355 kilomètres de Paris, dans un endroit secret où je vais pouvoir plonger dans un nouveau roman :

Les Châtaigniers du désert.

Je suis partie en chantant, la fleur au fusil, joyeuse. Malheureusement, après un péage, la vitre de ma portière refuse de remonter. Nous sommes en novembre 2004 et je finirai le voyage la main et tout le côté gauche gelés. Je m'arrête sur une aire de repos pour me dégourdir. Pour me réchauffer je saute comme un cabri sous l'œil étonné d'un canard blanc qui passait par là; je lui chante la chanson « Le fils du roi s'en va chassant ». J'échange quelques mots avec lui puis le canard s'en va à ses affaires et je repars. Gelée dès le premier kilomètre.

Mais je ne regrette pas d'être venue aux Orangeries.

L'endroit est aussi charmant que la dame qui règne sur lui.

Une vieille maison posée sur l'herbe, un tapis mauve de cyclamens sauvages à l'orée d'un petit bois, un enclos où Manon et Lili, la brebis et l'ânesse, recevront tous les jours ma visite, une pomme pour chacune d'elles à la main.

Dès le deuxième matin, elles m'attendent.

Malheureusement il n'y a pas de chat aux Orangeries.

Je m'installe. Un peu triste d'avoir quitté Louis... mais le désir de se retrouver booste le travail de ceux qui pensent aux retrouvailles. Les premiers jours sont, comme toujours, difficiles. Puis, un matin, ça démarre, j'écris :

« J'aurais dû me méfier quand je suis entrée dans le brouillard »...

C'est parti.

Je travaille en musique.

Toujours.

Mozart, Beethoven, Mahler, Tchaïkovski font tout le travail. Je me contente d'écrire.

Les chaînes musicales abandonnent les notes pour les mots au moment des informations. J'écoute distraitement. Les nouvelles n'interrompant ni l'écriture ni l'inspiration, soudain j'entends :

« Yves Berger est mort. »

Nous sommes le 14 novembre 2004.

On a mis longtemps pour se connaître, Yves et moi. On se croisait gentiment dans les Salons et les Signatures. On était tous les deux du Midi. On se lisait réciproquement et avec plaisir. Une fois il me parla chaleureusement de mon père qu'il savait par cœur… et puis, en 1993, après *Le Château des oliviers*, il me demanda d'être la marraine du Salon de Sablet, dans le Vaucluse. Un Salon qui lui était très cher. Depuis le début il s'en occupait avec la merveilleuse Dominique Barès, à qui il me présenta.

Cette année-là nous avons donné le prix du Premier Roman à une jeune fille. Amélie Nothomb.

On ne s'était pas trompés !

De Sablet, Yves m'entraîna à Fuveau avec Louis pour *La Protestante et le Catholique*. Et c'est à Fuveau qu'on devint vraiment amis… devant une portée de petits chats.

Du coup on se tutoya.

Je n'ai pas fait attention, les nouvelles sont finies, la musique a repris. Mozart. Mais il y a des moments où Mozart lui-même ne peut rien pour nous. Je pense à Marie-Claire, à ce qu'Yves écrivit :

« Quand j'ai connu Yasmine, voici dix ans, ce chaton avait une maîtresse. Prenant femme, j'ai pris chat – ou l'inverse.

À tous trois, le mariage dure.

Bien entendu, l'une est la plus belle chatte du monde et l'autre la plus belle femme du monde.

Je l'aime.

Et m'amuse que l'ambiguïté propre à la syntaxe, ici, empêche de connaître à qui, femme ou chat, j'ai dit le mot amour. »

Je suis allée éteindre la radio. Pardon Mozart. Je suis allée jusqu'à la porte-fenêtre pour voir le jardin, si beau.

Inattendu, imprévisible, déconcertant et miséricordieux, un chat inconnu me regardait.

Louis

Décrépitude de Tapenade

J'avais bien remarqué à certains signes que Tapenade n'apportait plus le même entrain à vivre. C'est-à-dire que les images que je gardais de lui dans ma tête ne correspondaient plus à ce que j'avais sous les yeux. Tapenade, c'était la vivacité, l'allégresse, la crânerie, la provocation même, et je le voyais se déplacer plus lentement et aller comme s'il n'avait plus de but. En particulier, il se déplaçait la tête baissée, comme si elle était trop lourde à porter. Je n'en parlais pas à Frédérique, d'abord parce que nous avions d'autres sujets de préoccupation, mais aussi parce que je risquais d'allumer une mèche, de lui donner matière à se développer, ce qui risquait d'aboutir à des propos définitifs concernant le sort de Tapenade.

Un matin, je me trouvais dans mon bureau, Tapenade également, avachi devant sa fenêtre, sauf le petit point d'exclamation, toujours dressé, qui complétait sa personne. On se souvient qu'il avait interdit à Pélardon de pénétrer dans mon bureau, ce qui faisait que celui-ci s'y aventurait rarement. Mais ce matin-là, il y pénétra de son pas tranquille et gagna le rebord de la fenêtre où Tapenade ne se trouvait pas. En temps passé, il aurait aussitôt sauté à terre et bondi vers son frère. Là, il évalua d'abord la hauteur du perchoir où il se trouvait, se laissa tomber lourdement sur la moquette et marcha la tête baissée vers l'autre fenêtre. Je lui avais déjà vu des difficultés pour atteindre sa fenêtre, et dans ces cas-là il cherchait un relais sur une étagère. En l'occurrence il pensa que la table où se trouvait l'ordinateur pourrait lui servir de relais. Il y accéda sans difficulté et, là, assembla ses forces pour sauter vers son frère qui le regardait tranquillement. Il avait déjà accompli cet exercice plusieurs fois. Mais la table avait été légèrement reculée. Peut-être s'en rendit-il compte et mit-il un peu plus de temps à rassembler les forces dont il avait besoin. Pélardon le regardait, assis sur son arrière-train, la queue enroulée autour de ses pattes de devant. Il ne paraissait nullement inquiet et semblait intéressé par les préparatifs de l'opération. Après un moment qui me fit ressentir le doute qu'éprouvait Tapenade, je le vis se reculer légèrement pour prendre plus d'élan et atteindre l'endroit où se trouvait Pélardon ; mais ses griffes ne purent qu'effleurer le bord de la planche, s'y agripper un instant, et, les forces lui manquant, il se retrouva par terre. Pélardon n'avait pas bougé, il se tourna vers la fenêtre pour suivre les mouvements du vent dans le feuillage.

Tapenade resta à terre un moment, un long moment, comme s'il voulait nous laisser croire qu'il avait choisi ce qui lui était arrivé. Puis il s'y prit à deux fois pour se remettre sur ses pattes, marcha la tête basse vers la porte du bureau, sortit de la pièce, traversa le palier et commença à descendre marche à marche.

Je venais d'assister à une capitulation, à la fin d'un règne. Je n'en parlai pas à Frédérique. Elle avait un supplément de tendresse pour Tapenade parce qu'il lui était très attaché. Je savais où finiraient par mener ces observations, donc je cherchais plutôt à en ralentir le parcours. Est-ce que l'incident du bureau avait atteint Tapenade plus profondément que je ne le pensais ? À partir de ce jour, le parcours de décrépitude évolua de façon accélérée. Une ombre de résignation accompagnait sa démarche. La seule chose à laquelle il tentait de se raccrocher était sa détestation pour son frère.

Je voulais démentir l'évidence, comme nous l'avions fait avec bonheur pour Tybert lorsqu'il avait été affecté d'un phlegmon dévastateur qui lui dévorait la cuisse, empirant de jour en jour, lui arrachant des gémissements au plus léger mouvement, si bien que les visiteurs, les amis, la famille nous disaient : « Vous voyez bien qu'il souffre, il faut prendre des dispositions. »

Prendre des dispositions, on savait bien ce que ça voulait dire. Mais nous l'aimions tant, notre Tybert. On ne voulait pas, on ne pouvait pas décider de sa disparition. Et puis, un après-midi, dans l'escalier de la maison, il eut un cri déchirant : le phlegmon venait d'éclater avec les conséquences qui se voyaient sur les murs, sur les tapis, sur les marches. Mais il était sauvé, délivré, guéri, et nous aussi.

Nous avions eu raison d'avoir tort.

Il déclinait de jour en jour, le pauvre Tapenade. Ses assauts contre son frère devenaient dérisoires et choquants. Il allait falloir en parler.

Frédérique

Le chikungunya

Souvenez-vous, mars, avril, mai 2006; c'était l'époque du chikungunya, ce déplaisant moustique qui défraya la chronique toute une saison, particulièrement dans l'île de la Réunion. Justement, en pleine épidémie, Louis s'était envolé pour y tourner *Les Secrets du volcan*, emportant bombes, crèmes, lotions et révulsifs dans ses bagages.

J'étais restée à la maison avec mes chats et mon stylo.

Tapenade n'allait pas bien. Il était bizarre, me lançait des regards pathétiques, soupirait. Parfois, il montait sur mon lit, s'installait sur ma poitrine, mettait ses pattes de chaque côté de mon visage et restait là, me fixant gravement dans les yeux comme s'il allait me dire quelque chose.

Une nuit, il disparut.

Je l'appelai longtemps. Vainement. Je le cherchai dans tous les coins du jardin en compagnie de Pélardon. Nous ne le trouvâmes pas. Le lendemain, je questionnai Françoise des Chats. Elle ne l'avait pas vu.

Deux jours plus tard, un samedi, on sonna à la grille.

C'était le docteur de P..., il tenait Tapenade dans ses bras.

Le docteur consacre beaucoup de temps à la SPA, il s'y rend le week-end et, ce matin-là, on lui avait présenté un chat noir qu'un couple venait de déposer. Ils l'avaient trouvé sur la route, en piteux état, et, bien que s'en allant dans la direction opposée, ils avaient pris la peine de faire marche arrière et de monter sur le plateau au-dessus d'Orgeval, où se trouve le refuge. Un détour d'au moins une dizaine de kilomètres. Qu'ils en soient remerciés ici.

Avant de regarder son tatouage, le docteur avait tout de suite reconnu notre chat.

Signes particuliers : queue en tire-bouchon.

Il s'était déplacé car il ne le trouvait pas en bonne santé et voulait m'en parler. Tapenade avait dû faire une chute depuis un de nos murs. Sonné, il avait dû errer sans savoir où il allait. Ça et la peur n'avaient pas amélioré son état.

Il miaula doucement en me voyant et j'eus le cœur serré.

– Est-ce qu'il souffre? demandai-je au docteur.

– Beaucoup... mais il est heureux de vous voir.

Nous sommes restés silencieux.

Le moment était triste.
Puis nous avons pris rendez-vous.

Louis

Je suis rentré de la Réunion la veille du jour où ils avaient pris rendez-vous.

Je revois, je revis ce qui devait être le dernier jour de Tapenade. Il traînait au ras du sol sa tête trop lourde ; à l'autre extrémité, le petit point d'exclamation était toujours là. Il essayait de se nourrir, sans succès. Mais quand il vit son frère, à deux pas de lui, plongé dans sa gamelle, il déserta la sienne, rassembla le reste de ses dernières forces pour se traîner jusqu'à lui et, avec sa pauvre tête, essaya de le déloger. Spectacle navrant que j'aurais voulu n'avoir jamais vu.

Le docteur de P… arriva en compagnie d'une jeune assistante. Il ouvrit sa sacoche. Il avait apporté le nécessaire. Je sortis de la pièce pour ne pas voir l'instant du trépas et aussi pour téléphoner à Maria qui nous aiderait pour l'ensevelissement…

Frédérique

L'assistante du docteur était douce, sa voix l'était aussi. Tapenade y fut sensible.

Le docteur m'avait demandé si je voulais assister à... Oui, bien sûr. Je voulais rester avec la petite bête jusqu'au bout.

Endors-toi doucement, frère chat, on t'a beaucoup aimé, tu sais.

Louis

Quand je revins, le docteur rangeait ses affaires. Tapenade reposait sur la table. On parlait à voix basse. Je sortis un torchon du placard de la cuisine. Ce serait son linceul, sur lequel Frédérique l'allongea. Maria entra, Antonio avait apporté sa bêche. Je lui désignai l'emplacement dans le jardin. Il partit creuser un trou. On replia le linceul sur la dépouille encore chaude et je la portai dans mes bras le long des allées jusqu'au trou, derrière le gros champignon de pierre grise planté par les propriétaires au siècle avant-dernier. On le déposa soigneusement. Chacun, sûrement, lui adressa dans sa tête quelques paroles. Mais on ne trouva rien à se dire. La cloche du château voisin, qu'on entendait rarement, tinta. Il était 22 heures. La lumière du jour était encore là tout entière pour qu'on ne perdît rien de la cérémonie. Puis on commença à jeter sur la dépouille de Tapenade la terre qui lui avait fait place. Bientôt le linceul fut recouvert. Le défunt commençait une autre existence dans nos mémoires. Puis il fallut tasser du pied le sol pour que tout rentre dans l'ordre.

Désormais, on ne pourrait plus dire : les chats, comme on l'avait dit pendant tant d'années, mais : le chat.

Il était là sur la terrasse, à son endroit préféré, un peu au-dessus de nous, l'énigmatique et tendre Pélardon. Il avait tout suivi...

Que n'aurais-je donné pour connaître ses pensées ?...

Frédérique

Resté seul, Pélardon devient un partenaire et se met à parler.

Il fait de grands discours, couché devant le feu. Il nous interpelle... Pourquoi ? Pour sortir, pour rentrer, pour manger, pour qu'on lui gratte le ventre. Pour qu'on s'occupe de lui.

Il plaît beaucoup aux femmes.

Aux hommes aussi, mais surtout aux femmes.

L'été, quand nous quittons la maison, une association de jeunes retraités nous envoie des couples pour garder « Coin-Perdu », et, chaque été, Pélardon a un béguin pour une nouvelle dame...

L'été dernier ce fut Valentine...

Ils se sont beaucoup parlé. Elle lui a même écrit...

Mais il y a quelqu'un avec qui Pélardon aime se taire.

Anaïs.

Ils se regardent. Ils se sourient.

Alliance.

Non seulement il parle de mieux en mieux, mais il écoute de mieux en mieux.

Je lui raconte tout, à ce chat.

Les chats prophètes, les chats devins, les chats des prisons américaines qui rendent le goût de vivre aux taulards. Les chats qui savent quand la mort est proche. La leur, la nôtre.

La mort.

Hier soir je lui ai raconté l'histoire de Perle, la siamoise de Mady. La siamoise qui a sauvé la vie de Mady !

Tu te rends compte, Pélardon ?

Il n'a pas eu l'air étonné.

Pourtant... Mady avait un cancer du sein et refusait de se faire opérer. Sa mère, sa sœur, toute la famille la suppliait. Pleurait.

Rien à faire.

Et puis Perle s'en est mêlée. Elle qui a si peur de l'eau, du bruit de la douche, des vapeurs de la salle de bains, elle qui n'y entre jamais, elle s'y est installée et a refusé d'en sortir. Elle a refusé toute nourriture.

Elle regardait sa maîtresse et ne bougeait pas.

– Elle voulait me dire quelque chose, me raconte Mady. Au bout de deux jours, j'ai compris.

Mady est musulmane.

– Les chats nous protègent, poursuit-elle. Je lui ai dit : « D'accord ! Tu as gagné ! » Alors elle est sortie de la salle de bains et n'y est plus jamais revenue. Et vous savez, ajoute-t-elle en riant, il était vraiment temps de m'opérer !

Pélardon a dit quelque chose, la plus longue chose que je l'aie jamais entendu dire. Je suis prête à jurer que c'était : *Allah ouakbar* !

Est-ce que je l'entends vraiment ?

Ou bien a-t-il pris possession de mes pensées au point de me manipuler ?

Justement il me regarde ; il s'est couché sur le dos et tend une patte vers moi :

– Surtout, faut pas oublier d'envoyer notre livre au *Chat du rabbin* ! J'ai beaucoup aimé sa bande dessinée ! Super, le *Chat du rabbin* ! Faut qu'il nous lise !

Et il se rendort, pattes croisées sur ses yeux à cause de la lumière.

Frédérique

Les Châtaigniers du désert

L'automne dernier, Valleraugue, mon village au pied de l'Aigoual, devenu Valdeyron pour le tournage des *Châtaigniers du désert*, devint Hollywood des Cévennes pendant quelques semaines.

Chaque fois que je vois les deux épisodes – et je les ai vus et revus –, je pleure d'émotion car, au milieu d'acteurs comme Alexandra Stewart, François Marthouret, Jean-Claude Drouot, Dora Doll ou Élodie Navarre, sans oublier Louis Velle, je retrouve tout le peuple de Valleraugue, monsieur le Maire et le cher Francis, Agnès la libraire, Muriel du salon de thé, la belle Cardabelle, le premier adjoint, les authentiques pompiers et les vrais bergers de la montagne.

Ce matin-là on tournait derrière le Temple, et je m'en allais acheter des pélardons sur la placette, quand je restai figée de terreur à la vue d'un attroupement.

Un accident.

Entre Lafoux, le boucher-charcutier, et Gaïa, la marchande de fruits et légumes, un groupe se penchait vers quelqu'un d'invisible, et ce que j'entendais m'affola.

– Il s'est jeté à l'eau ! Sans savoir nager ! C'est terrible ! Le pauvre ! Il va s'en sortir, vous croyez ?

Un acteur ? Un figurant ? Un technicien ?

Non. Un chat. Un petit chat trempé comme une soupe, avec une queue qui ressemblait à un goupillon pour laver les bouteilles, queue qu'il léchait avec application, totalement indifférent à l'agitation dont il était responsable.

On m'expliqua sa mésaventure. À Valleraugue, nous avons un très joli plan d'eau à l'endroit où le Clarou se jette dans l'Hérault. Un couple de cygnes y évolue au milieu de canards gracieux. Et il y a une barque fleurie qui va où bon lui semble, de-ci, de-là, cahin-caha, sans jamais quitter le plan d'eau. Parfois elle reste de longues heures contre le quai devant le Temple et la statue d'Armand de Quatrefages de Bréau, naturaliste et anthropologiste français de tendance spiritualiste, né à Berthézène dans les Cévennes (1810-1892). C'est là que le chat, au bas de quelques marches, trouva la barque. Elle lui plut. Il y entra et s'y endormit. Un léger tangage le réveilla. Il ouvrit un œil, ne vit que le ciel et l'eau, se crut au milieu de l'Atlantique, et plongea. On l'avait vu depuis la berge, on courut pour l'aider à remonter sur la terre ferme, et on le suivit jusqu'à l'endroit où je découvris l'attroupement.

– C'est Nono, dit un gamin.

– Pas du tout, c'est Félix ! dit un autre.

– Vous y êtes pas ! C'est Patapouf, le chat de la vieille Marceline.

– Jamais de la vie, déclara un gendarme, il est à personne, ce chat !

– Alors je le prends, dit un vieux, très vieux berger en se penchant vers le sauvé des eaux.

Le chat s'ébroua et sourit en découvrant cette foule venue rien que pour lui. Le soleil commençait à sécher son poil, le brushing promettait d'être réussi, il se mit à ronronner, se coucha sur le dos et fut applaudi.

Je pensais aux pauvres chats de mon adolescence...

« Monstre de chat ! »

Il était loin le temps où vous étiez chassés des maisons ! Le monde a bougé, chat ! Tiens, regarde dans les rues de Valleraugue, les catholiques et les protestants se parlent ! Et gentiment (j'en ai même vus qui s'embrassaient !), et toi, le chat, ton statut a changé. Maintenant, tu regardes la télé assis sur les genoux du papé qui s'inquiète parce que tu pleures de l'œil gauche et qu'il faut vite le dire au vétérinaire, pas vrai, mon minou ?

On a de la chance, le chat ! Nous comme toi. Parce que je ne sais pas si tu es au courant, mais nous aussi, les femmes, on a gagné.

Nous votons.

Curieux, cette similitude de traitement entre la femme et le chat.

Pourquoi?

Pourquoi dieu chez les Égyptiens et démon dans le Moyen Âge chrétien?

Méritait-il cet excès d'honneur comme cette indignité? Méritait-il d'être momifié comme un pharaon ou emmuré vif dans une façade, un pont, une maison?

Souvent je l'ai cherché à travers la Bible. Vainement. Je ne l'ai trouvé ni dans la Genèse où « *Dieu forma du sol tous les animaux des champs et tous les oiseaux du ciel* et *chargea l'homme de leur donner des noms* ». Je ne l'ai pas non plus trouvé au moment du Déluge, quand les bêtes pures comme les bêtes impures entrèrent dans l'arche auprès de Noé; je ne l'ai pas non plus trouvé lorsque la colombe revient avec un rameau d'olivier dans son bec, ni sous les tentes d'Abraham, ni parmi les troupeaux de Jacob, ni parmi les femmes d'Esther, ni, plus tard, sur les pas de Jésus.

Dernièrement, à l'occasion d'une semaine consacrée à « La Bible, patrimoine universel », à l'Unesco, on me demanda de lire des psaumes et quelques extraits de l'Ancien et du Nouveau Testament, dans l'immense salle qui aurait pu accueillir sans problème et à l'aise le grand orchestre du roi David.

Je me léchais les babines en pensant que j'allais pouvoir poser la question à plus de mille cinq cents spécialistes, exégètes, familiers et amoureux du Livre, réunis par l'Alliance biblique française. Juifs, chrétiens, musulmans, théologiens, philosophes, ce n'est pas tous les jours qu'on a la chance d'avoir sous la main un tel choix d'enfants d'Abraham et de pouvoir leur poser une question aussi fondamentale :

– Y a-t-il un chat dans la Bible ?

Cette question, je la leur posai entre le psaume 137 et la rencontre de Jésus avec la Samaritaine.

Quelques pasteurs, un rabbin et un moine m'avaient déjà répondu négativement, mais je ne pouvais pas laisser passer une occasion qui ne se représenterait jamais.

– Si quelqu'un a rencontré un chat dans la Bible, qu'il se lève, qu'il le dise... ou qu'il se taise à jamais !

Personne ne se leva, mais tout le monde fut d'accord avec ce que m'avaient dit les pasteurs, le rabbin et le moine : l'absence de chat dans le Livre est liée à la captivité en Égypte où le chat était un dieu, ce qui choquait les Hébreux. Par contre nous évoquâmes la tendresse du prophète Mohamed pour sa chatte Muezza. Elle dormait sur le manteau de son maître à l'heure de la prière. Pour ne pas la déranger dans son sommeil, il coupa le manteau avant de se tourner vers La Mecque. On m'assura qu'un autre chat qu'il aimait mangeait dans la même assiette que lui. Mais personne ne put me dire le nom du chat. Ni ce qu'il mangeait !

Après le spectacle, un musulman vint me trouver pour me parler d'un hadith du Prophète qui célèbre le chat. Le chat qui prie pour le croyant et tourne pour lui, invisible, autour de la Kaba où est scellée la Pierre noire vénérée par l'Islam.

Je pensais à notre cher Blaïd qui veilla pendant sept ans sur « Coin-Perdu » et qui attrapait doucement les guêpes par la taille pour les laisser s'envoler dans le jardin. Il parlait tendrement aux chats et me racontait que Dieu défend de tuer un animal dans le voisinage de La Mecque.

– Sauf un serpent ou un scorpion... et seulement s'ils t'attaquent, Madame.

Petite fille, j'étais tombée avec délices dans le livre d'Ésaïe, II.6.7 et 9 particulièrement :

> *« Le loup séjournera avec l'agneau*
> *Et la panthère se couchera avec le chevreau ;*
> *Le veau, le lionceau et le bétail qu'on engraisse*
> *Seront ensemble*
> *Et un enfant les conduira. »*

Pas de chat sur la montagne sainte. Mais j'étais sûre que c'était une erreur. Je le devinai, invisible mais présent, comme je devine aujourd'hui le chat, invisible mais fervent, qui tourne pour le croyant autour de la Pierre noire.

Que pensait-il du chat, François d'Assise le Poverello, qui appelait le loup son frère et les étoiles ses sœurs ? Que pensait-il du chat, celui que je nomme le saint Vert ?

Comme j'aimerais voter pour vous, Frère Écolo ! Et des deux mains !

Ce n'était pas rien que d'ouvrir le cœur des hommes à la souffrance des animaux.

Je pense à tous les bienfaiteurs des créatures du Cinquième Jour. À tous ceux qui savent que nous sommes tous, humains et bêtes, sortis de la même main.

Je pense à ces inconnus qui se lèvent cinq fois par nuit pour nourrir un oiseau sans grâce qui les pique du bec, un lionceau blanc aux crocs d'acier, un iguane ou un bébé saurien, tout simplement parce qu'ils ne veulent pas qu'une espèce soit rayée du catalogue de la vie, comme le fut celle du Dodo qui nageait avec Alice vers le Pays des merveilles.

Je pense aux moines bouddhistes qui sont les nounous des bébés tigres. Adorables peluches tant qu'elles boivent leur lait au biberon, fauves redoutables dès leur première viande quand elles découvrent le goût du sang. Ce qui n'empêche pas les moines de leur faire chaque jour un « shampoing pour blonde »! J'ai vu les flacons.

Je pense à cette femme admirable qui n'est ni vétérinaire, ni soigneur, ni dompteur, mais qui a un don pour guérir les bêtes.

La parole.

Un jour, en Californie où elle vit, on lui apporta un perroquet plumé vivant.

Nu comme un ver. Honteux comme Adam et Ève quand Il les jeta hors du Jardin.

Un être humain a osé faire cela. Arracher toutes les plumes d'un oiseau vivant.

La femme voit le perroquet et ses yeux se remplissent de larmes. Et elle lui dit doucement :

– Tu es beau !

Et comme elle le pense dans son cœur, il la croit. Et il guérit. Si bien qu'il retrouva la parole avec ses plumes et put lui dire :

– Merci !

Il fait froid. Couché contre le radiateur, Pélardon lève la tête en entendant frapper au carreau. C'est le merle qui réclame son déjeuner en tapant du bec sur la vitre. Il y a quelques années, Pélardon aurait bondi, toutes griffes dehors. Mais Pélardon n'est plus un jeune chasseur mais un vieux sage. Sage comme s'il avait lu Ésaïe.

> « *Il ne se fera ni tort ni dommage*
> *Sur ma montagne sainte...* »

Le rouge-gorge a rejoint le merle et picore quelques graines, un autre merle se pose près d'eux, dans la neige. Pélardon s'est endormi, tranquille.

Il a vieilli, notre chat.

Il monte l'escalier comme un vieux et le descend, marche à marche, comme un bébé.

Il a vieilli notre petit chat.

Nous aussi.

Frédérique

Remo

25 novembre 2009. Coup de fil de Jacqueline Forlani-Voulet.

Remo vient de mourir. Remo qui disait : « Le chat c'est une gâterie que Dieu nous a faite au milieu de tous nos malheurs. »

Pélardon a vu mes larmes et vient vers moi.

– On a perdu un ami, chat. Louis et moi on a perdu un ami. Et toi aussi.

Remo, il ne m'a pas aimée tout de suite.

Il aimait beaucoup Louis, qu'il connaissait depuis longtemps et qu'il appelait « Beau Velle ». Moi, j'étais l'intruse. Il avait dit des choses horribles sur *La Demoiselle d'Avignon*... et puis un jour, des années après, il m'avoue :

– *La Demoiselle d'Avignon*... je l'ai vue... hier..., aussi je voulais te dire... Voilà : j'aimerais vous avoir comme témoins, Beau Velle et toi, pour mon mariage avec Jacqueline. Ça te va ?

Tu parles si ça me va !

À la mairie du 13e, Monsieur le Maire lit le nom des témoins du marié :

– Monsieur Louis Velle...

Il lève le nez, salue Louis et poursuit sa lecture :

– Madame Frédérique Hébrard...

Là il sourit franchement et enchaîne, joyeux, avec les noms des témoins de Jacqueline :

– Madame Micheline Luccioni ! Monsieur Roger Pierre !

Alors, là, il éclate de rire et s'écrie :

– Ce ne sont pas des témoins : c'est une distribution !

Il était gentil, Remo. Quand il sut, quelques années plus tard, que Micheline était atteinte d'une sclérose en plaques, il écrivit une pièce rien que pour elle. Avec un rôle... assis.

Ce fut un joli mariage.

Végétarien. Délicieux. Présidé par leur chatte Finette qui semblait heureuse de les voir enfin passés devant Monsieur le Maire.

Cher Remo qui disait, devant les choux de la pièce montée :

– Si jamais je devais divorcer d'avec Jacqueline, je demanderais un droit de visite pour le chat !

Ça me fait soudain penser au questionnaire que Fanny et François ont dû remplir avant de faire l'acquisition d'un chat à Los Angeles.

Frédérique

Humaliwo

Fanny et François avaient quitté Sunset Boulevard. Ils vivaient maintenant au pied des collines d'où l'on voit l'Océan, à Pacific Palisades.

Paul avait commencé des études de comédie et s'était installé dans un petit studio.

Alice vivait à Paris, elle était en hypokhâgne.

François avait tourné à New York, à Marseille, à Paris, Fanny avait publié son premier roman en 2005, *Les Murs de Rome*, et était plongée dans le deuxième.

Le virus d'écriture avait encore frappé. Aussi, l'été, quand nous avons la chance d'être tous réunis dans la grande maison camisarde au pied de l'Aigoual, on croise toujours sur les terrasses ou les galeries quelqu'un qui nous dit :

– Tu as deux minutes ? Je voudrais te lire quelque chose.

Et Victor ? Que devenait-il ?

Toujours aussi divertissant que son cousin-jumeau Alexandre.

À 5 ans, Alexandre s'exprimait déjà comme un secrétaire perpétuel présidant la séance des cinq Académies.

Il aimait les mots. Passionnément. Il les ramassait, les chassait, les découvrait, les collectionnait, les engrangeait, au besoin les inventait.

À 4 ans, Victor avait sidéré sa maîtresse au Lycée Français de Los Angeles. À la question : « Qu'aimes-tu le plus au monde ? » qu'elle posait aux enfants de sa classe, il avait répondu : « Les humains. »

Mais là, dans cette famille engloutie dans le travail, ce qu'il désirait le plus au monde, Victor... c'était un chat !

Mais un chat ça ne s'adopte pas comme une chenille.

Surtout quand on habite un lieu fréquenté par les coyotes, friands de chats, et le redoutable lion des montagnes, friand de tout.

Les coyotes, ils en ont déjà croisé. En voiture, heureusement. Le lion des montagnes ne s'est pas encore manifesté.

Mais la menace demeure. Aussi serait-il préférable que les chats soient des « indoor » plutôt que des « outdoor pets ».

Oui, parce qu'il y a trois catégories de chats évoqués dans le Cat Adoption Questionnaire :

les « indoor pets* », les « outdoor pets** », et ceux qui sont les deux.

François et Fanny remplirent le questionnaire en trois soirées.

Oui, ils sont mariés.

Non, ils ne sont pas asthmatiques.

Oui, le chat dormira dans la maison.

Non, ils n'ont pas l'intention de divorcer.

Combien d'heures par jour le chat risque-t-il d'être seul ? Ah, là, aucune idée !

Que ferez-vous du chat si vous partez en vacances ???

Quel genre de litière pensez-vous lui donner ?

Qui s'occupera de la tenir propre ?

Etc.

Trois soirées.

Victor aura un chat.

Et, le week-end suivant, au cours d'un barbecue chez des amis, des amis qui ont un chat, ils l'annoncent à Victor.

Tout de suite on le dit au chat de la maison. Un bon gros vieux chat placide.

Et c'est la catastrophe !

La jolie Fanny éternue, renifle, ses yeux deviennent rouges, pleurent, son nez gonfle... pas de doute, elle est devenue allergique aux chats.

Elle pleure parce qu'elle est allergique, elle pleure parce qu'elle a de la peine pour Victor.

---

* Chats d'intérieur.
** Chats d'extérieur.

Elle ne sait pas encore que son allergie est un cadeau qui va lui permettre de découvrir une autre Amérique.

Los Angeles, Sunset Boulevard, Beverly Hills, Hollywood, Pacific Palisades, d'accord. Mais il ne faut pas oublier que cette terre est celle des Indiens Chumash et que, jadis, Los Angeles s'appelait :

Humaliwo

Là où les vagues font du bruit

Une amie lui donne deux adresses.

La première, c'est celle de la femme des lions.

– Il faut que tu voies la femme des lions, pour ton fils.

– Mais c'est un chat qu'il veut, Victor ! Pas un lion !

Justement, la femme des lions partage son temps entre l'Afrique et la Côte Ouest où elle recueille, soigne et place les chats errants de Los Angeles avant d'aller retrouver ses grands fauves.

Fanny et Victor font une brève visite dans les canyons où la femme des lions vit avec ses chats.

Une très brève visite car, avant même d'avoir rencontré les chats, le nez de Fanny se met à couler et Victor s'inquiète.

– Ça va se voir, Maman ! La dame voudra pas te vendre un chat ! Il faut s'en aller !

Ils s'en vont très vite après avoir pris rendez-vous pour la semaine suivante.

Ils n'ont pas choisi un chat mais ils ont découvert l'atmosphère mystérieuse des canyons.

Sauvage. Insolite. Aride. Vraie. Des routes escarpées, des boutiques étranges où l'on vend de l'encens, des herbes, des talismans de plumes et de perles, des amulettes de peau cloutées de turquoises et de cristaux noirs des Rocheuses...

La deuxième adresse donnée à Fanny je ne la connais pas, je ne la connaîtrai jamais et je ne veux pas la connaître. La deuxième adresse c'est celle où Fanny trouva le philtre qui lui permit de vaincre son allergie. Je n'ai pas posé de questions indiscrètes car je sais qu'il ne faut jamais violer les mystères. Je veux seulement remercier les 250 tribus indiennes de Californie. Sans l'une d'entre elles, la femme des lions n'aurait jamais confié Vénus et Milo à Fanny.

Car, en fait de chat, il fut question de chats. Le frère et la sœur. Inséparables.

Il a suffi que Fanny boive une décoction, une infusion, une tisane, je ne sais, pour qu'elle cesse de pleurer et de souffrir devant les chats.

Qu'y a-t-il dans ce breuvage?

Fanny elle-même ne le sait pas.

Mais elle a quand même senti des effluves de romarin, d'eucalyptus, de gratteron, de plantain, de *dry-cleavers*...

Elle a senti la force de la Terre.

Cette potion magique est-elle l'œuvre des Achomawis, des Yokutes, des Kalapuyas, des Kawaïsu? Peu importe. Elle est l'œuvre de ceux qui n'ont pas brisé les liens qui rattachent les humains à la Création, de ceux qui disaient, par la voix du chef Seattle, s'adressant au Président des États-Unis en 1854 :

« Qu'est-ce que l'homme sans les bêtes ? Si toutes les bêtes disparaissaient, l'homme mourrait d'une grande solitude de l'esprit. Car ce qui arrive aux bêtes, arrive bientôt à l'homme. Toutes choses se tiennent. »

À tant de sagesse, je veux dire merci en langue cheyenne :

Neov' eše

Louis

Le dernier chat ?

Il y a quelque dix-huit mois, je me suis aperçu que Pélardon et moi avions le même âge. En années chats, bien entendu. Octogénaires l'un et l'autre. Ça crée des liens.

Mais depuis cette découverte, il a pris de l'avance sur moi. En dix-huit mois il a parcouru presque dix ans. Aussi, je l'observe attentivement, cherchant à travers son évolution quelle pourrait être la mienne. L'échéance, nous la connaissons, mais pas la date, ni le parcours. Je m'inquiète des faiblesses que je vois apparaître chez lui, puisque ce seront les miennes. Mon attention redouble depuis que Tapenade repose derrière le champignon de pierre. C'est comme si Pélardon avait changé de dimension. Il occupe tout l'espace chat.

Je suis en train d'écrire. Je m'arrête, la plume en l'air. Il me semble percevoir un bruit léger dans l'escalier. Est-ce que ce serait lui ? Est-ce possible ? Je l'espère. Je n'ose le croire. Ce serait si beau. Une allégresse tremblante monte en moi. Eh bien oui, ce pas sur le palier c'est bien le sien. Il a monté les deux étages ! Ce qu'il ne fait pas tous les jours. Il apparaît dans l'encadrement de la porte. Il me regarde et moi je le regarde. Quelque chose d'informel s'échange. Nous sommes réservés l'un et l'autre. C'est notre nature. Je fais cependant une avance timide. Mes avances sont toujours timides. Encore plus avec les animaux. Il semble épuisé. Va-t-il me rejoindre ? Après avoir bien réfléchi, il contourne mon bureau. Je le perds de vue. Je le retrouve lorsqu'il s'arrête devant le fauteuil. Il reste un temps le visage levé, me tournant le dos. Il se demande s'il va avoir la force de se hisser sur le siège, si cela en vaut la peine. Les pattes de devant se posent. Il hoche longuement la tête. Je l'entends qui se dit : « Hier encore, je faisais cela sans effort, et aujourd'hui… » Il repose ses pattes sur le tapis et s'éloigne. Je le perds de vue et je recommence à écrire.

Mais les idées, les mots ne sont plus là. Je m'afflige de ce qui vient de se passer. C'est la première fois que je vois Pélardon renoncer. Quand viendra mon tour ? Quand trouverai-je le sentier trop raide ? La promenade trop longue ? Les marches trop nombreuses et trop hautes ? Quand une voix d'enfant me dira-t-elle : « Veux-tu que je t'aide ? » Quand entrerai-je en dépendance ? Je pense brusquement que la semaine dernière, dans la chambre voisine, je l'ai vu hésiter devant la hauteur du lit. Je l'ai pris dans mes bras et déposé sur le gros édredon qui prend si bien sa forme. Je l'y ai vu s'endormir comme on plonge, devenir immobile. Je chasse la pensée de le trouver un jour inerte et froid. Mais les pensées ne partent pas à reculons. Elles résistent, s'incrustent.

Alors, nous n'aurons plus de chat. Ce qui est difficile à imaginer. Est-ce qu'un autre viendra prendre la place de Pélardon ? Non, pas prendre sa place, mais lui succéder ? Il faudrait que le Ciel nous envoie un autre compagnon, comme cela s'est toujours passé jusqu'ici. L'inconnu arrive, trouve sa place, s'installe. Rares sont ceux que nous avons repoussés. Alors je pense au gros chat sans couleur et sans grâce qui apparaît presque chaque soir dans le jardin. D'où vient-il ? Je l'ignore. Comment entre-t-il dans la propriété ? Aucune idée. Il apparaît, c'est tout. Je ne dirai pas qu'on le chasse, mais on l'écarte sans élever la voix. On le nourrit, mais peu, craignant qu'il ne prenne des habitudes. D'ailleurs il est gros et gras, il n'inspire pas la pitié, il n'a pas le charme de Pélardon.

Il est un peu emprunté, comme un gars de la campagne qui tourne son chapeau entre ses mains, comme un mal-aimé. Peut-être cherche-t-il un supplément d'affection. Peut-être espère-t-il les caresses que nous ne lui donnons pas. En tout cas, notre attitude ne le décourage pas. Presque chaque soir, il apparaît et s'avance jusqu'à la porte de la cuisine, là où se trouve la gamelle de Pélardon. S'il y reste quelque chose, il y plonge son nez. Pélardon l'observe à quelques pas. Ils se connaissent, se croisent sur d'autres territoires. Pélardon pense que son regard peut gêner l'intrus, alors il s'éloigne de quelques pas et se retire sur la terrasse, là où il aime méditer.

Un jour la porte de la cuisine sera restée ouverte, l'inconnu franchira le seuil, prendra connaissance de nouveaux effluves, s'avancera dans l'entrée, passera avec précaution du carrelage au parquet, verra côte à côte deux escaliers : en face, vingt-deux marches qui mènent à l'étage, et à droite cinq marches qui desservent la petite salle à manger, au fond de laquelle il trouvera des bûches qui brûlent dans la cheminée. Les flammes l'attirent, il s'installe, puis s'allonge, puis s'endort. C'est là que nous le trouverons, il sera trop tard pour le chasser. On finira bien par lui trouver des qualités.

Un voile de honte passe sur mes pensées : je viens d'envoyer Pélardon dans les espaces célestes, alors qu'il est là, bien vivant. Mais que vois-je ? Il a gagné tout seul le siège du fauteuil, et il me regarde. A-t-il lu dans mes pensées ? Je ne suis pas fier.

Il se redresse, d'un coup de reins de jeune homme il passe sur mon bureau, manière que je ne lui connaissais pas, marche sur mes papiers, et vient frotter son museau contre le mien.

Allons, nous avons encore de beaux jours devant nous.

Frédérique

Le chiffre de nos jours…

Le printemps s'annonce. Les oiseaux le disent chaque matin dans la nuit finissante avant que le soleil n'ose se montrer.

Le rouge-gorge est revenu nous voir. Il était avec un copain. Ou peut-être sa fiancée ?

Maria a bien nourri les merles pendant le froid, ils sont dodus, luisants et joyeux.

Un bruit léger, comme un petit marteau qui tape, vient de l'escalier dans la rocaille…

C'est une grive qui tient un escargot dans son bec. Elle le cogne contre les marches pour briser sa coquille… voulant sans doute nous prouver que le *struggle for life* existe dans toute la nature.

Mais sur la grande table de la grande salle à manger que j'ai squattée depuis des semaines pour en faire mon bureau, sur la grande table envahie de papiers noircis, quelque chose d'infime se met à bouger. Une coccinelle toute neuve, une bête à bon Dieu traverse une page à moitié écrite, se tourne vers moi, ouvre ses ailes et prend son envol.

C'est à cet instant que Louis arrive, des feuillets à la main.

– Tu as deux minutes ? Je peux te lire quelque chose ?

Il s'est assis en face de moi, de l'autre côté de la grande table et m'a lu « Le dernier chat ».

Nous nous regardons au-dessus de la grande table où notre livre est étalé. Pas seulement notre livre, c'est notre vie qui est là… le chiffre de nos jours… Tout ce qui fut partagé entre nous.

– Et moi ? miaule une petite voix.

Pélardon a sauté sur la grande table, étonné et heureux de nous trouver au travail ensemble, lui qui allait d'un bureau à l'autre depuis des mois.

Marchant sur les papiers, il traverse la table, nous embrasse, puis recommence, foulant de ses pattes le livre presque fini. Mon Dieu, c'est vrai, presque fini !

Comme cette histoire va nous manquer quand elle existera hors de nous.

Silence.

Maria entre avec le courrier. Au sommet de la pile une enveloppe. Je la prends, je l'ouvre...

C'est une lettre charmante d'une entreprise de pompes funèbres qui nous informe qu'en cas de décès « une permanence téléphonique est assurée 24 heures sur 24, 7 jours sur 7, et tous les jours de l'année ».

Nous voilà rassurés.

Nous éclatons de rire.

Alors le chat, heureux de nous voir rire, se met à rire avec nous.

La vie continue.

Table

Des mêmes auteurs

Frédérique Hébrard

CHEZ FLAMMARION

Un mari c'est un mari, roman
La vie reprendra au printemps, roman
La Chambre de Goethe (Prix Roland Dorgelès, 1981)
Un visage, roman
Le Mois de septembre, roman
La Citoyenne
Le Harem, roman (Grand Prix du roman de l'Académie française, 1987)
Le Mari de l'ambassadeur, roman
Félix, fils de Pauline, roman
Le Château des Oliviers, roman

CHEZ JULLIARD

L'Île sans serpent, récit
Je vous aime (Idée Fixe, Jacques Chancel)
Babouillet ou la Terre promise

CHEZ J'AI LU

La Petite Fille modèle, récit
La Demoiselle d'Avignon, roman (en collaboration avec Louis Velle)

Tant qu'il y aura des chats

CHEZ ALBIN MICHEL

Célébration de la Rencontre

CHEZ OMNIBUS

Sagas (en collaboration avec Louis Velle)

CHEZ PLON

Le Grand Batre, roman
La Protestante et le Catholique (en collaboration avec Louis Velle)
Esther Mazel, roman
Je vous aime… toujours
Le Goûter chez Dieu
Les Châtaigniers du désert

... dans une famille

Louis Velle

THÉÂTRE

À la Monnaie du Pape, 1956
Mousseline, 1959
On parlait des roses, 1965
L'Escalier (d'après Charles Dyer), 1967
La Vie sentimentale, 1967

AUX ÉDITIONS DU ROCHER

Triomphez en Bourse malgré les temps difficiles, essai, 1988

CHEZ J'AI LU

La Demoiselle d'Avignon, roman (en collaboration avec Frédérique Hébrard)
Ma petite femme, roman (Prix Alphonse Allais, 1954)

CHEZ OMNIBUS

Sagas (en collaboration avec Frédérique Hébrard)

ŒUVRES DE FRÉDÉRIQUE HÉBRARD
ET LOUIS VELLE POUR LA TÉLÉVISION

Comment ne pas épouser un milliardaire
La Demoiselle d'Avignon
Le Mari de l'ambassadeur (avec François Velle)
Le Château des Oliviers (avec François Velle)
Le Grand Batre (avec François Velle)

et

Le Cadeau des enfants
Le Regret de Pierre Guilhem
Les Témoins
Adieu, ma chérie

À paraître en 2010

Les Châtaigniers du désert (avec François Velle)

Cet ouvrage a été composé et imprimé par
CPI Firmin Didot à Mesnil-sur-l'Estrée
pour le compte des Éditions Plon
76, rue Bonaparte
Paris 6e
en avril 2010

Imprimé en France
Dépôt légal : mai 2010
N° d'édition : 14535 – N° d'impression : 99317